U0942055

洛克眼中的纳西

Naxi Nationality

纳西眼中的洛克

[美] 约瑟夫·洛克 著　和匠宇 译著

中国文联出版社

图书在版编目（CIP）数据

洛克眼中的纳西，纳西眼中的洛克 / (美) 约瑟夫·洛克著 ; 和匠宇译著 . -- 北京 : 中国文联出版社，2024.8

ISBN 978-7-5190-5479-3

Ⅰ . ①洛… Ⅱ . ①约… ②和… Ⅲ . ①纳西族－民族文化－中国 Ⅳ . ① K285.7

中国国家版本馆 CIP 数据核字 (2024) 第 086105 号

洛克眼中的纳西，纳西眼中的洛克

著　　者：(美) 约瑟夫 • 洛克
译　　著：和匠宇
责任编辑：张超琪　黄雪彬
责任校对：仲济云
封面设计：日尧设计
版式设计：高　洁
内文插图：张跃兵

出版发行：中国文联出版社有限公司
社　　址：北京市朝阳区农展馆南里 10 号　　邮编：100125
网　　址：http://www.clapnet.cn
电　　话：010-85923091（总编室）　010-85923058（编辑部）
　　　　　010-85923025（发行部）
经　　销：全国新华书店等
印　　刷：三河市龙大印装有限公司

开　　本：880 毫米 × 1230 毫米　1/32
印　　张：7.75
字　　数：116 千字
版　　次：2024 年 8 月第 1 版
　　　　　2024 年 8 月第 1 次印刷
书　　号：ISBN 978-7-5190-5479-3
定　　价：58.00 元

满满一本情怀

——代序《洛克眼中的纳西，纳西眼中的洛克》

正当我埋头于紧张筹备“首届国际纳西学研讨会”之际，友人和匠宇先生从云南传来洛克与他的合集《洛克眼中的纳西，纳西眼中的洛克》文稿，我不禁眼前为之一亮。

打开文稿，满满一本情怀迎面扑来。之所以这样讲，是因为和匠宇先生虽生于昆明、长于昆明、从业于昆明，是典型的“昆二代”纳西人，但他秉赋特有的家乡情怀、民族情怀、文化情怀，一直在为他的故土、母族、乡亲的文化传播、精神张扬、经济社会振兴而忙碌，且一无所求、心甘情愿。这大概与纳西族是一个文化民族相关，还与他的曾外公和虎臣和父亲和方有关。和虎臣是著有《欧东集》的清末民初纳西族爱国将领、诗人，和方曾任云南盐业公司总经理，却一直致力于云南地方文史研究，并受方国瑜先生之托辅导其研究生董咸庆。

在我的印象中，和匠宇先生原籍丽江拉市，1978 年考入昆明工学院自动控制系，毕业后分配至云南省有关工、商、企事业和政府机构工作，继之师从尹绍亭先生攻读人类学博士研究生课程，还一度在省内、国外有关学术团体、学术机构兼任研究员。最让我感动的是，他放弃了出仕、经商等一切名利双收的机会一心向学，特别是用自己的方式坚守着民族自尊心、自信力、自豪感，致力于祖国、云南、纳西族的现代化建设与社会文化转型、转化、创新、发展。这是一种多么可爱、可敬的品质！

和匠宇先生的可贵还在于他利用自己的外语、专业优势，以及遍历全世界的机会，不断为纳西学的建立、成长、成熟而默默奉献，却不追名逐利、唯我独尊、忘乎所以，甚至张牙舞爪。他似乎只懂得学术是社会的公器，从学只是为了探讨真理并完善自己的修为，这也就使得和匠宇具有国际视野和人文关怀。

他的纳西学研究起步于二十世纪九十年代，至今已为我们推出了翻译难度极大的约瑟夫·洛克著的《纳西语英语汉语语汇》（第一卷）译本。

原名《纳西人的生活与文化》者，乃是约瑟夫·洛克先生研究纳西文化、创建纳西学的绝笔，也是无数国内外纳西学学者期盼一览为快的所在，却苦于出版者，即德国威斯巴登的弗兰茨 史登纳出版公司于此书出版后不久即宣布破产，致使它在尘封六十余年后才重见天日，迎来被和匠宇先生神译的一天，终于让我们揭开它神秘的面纱，知道它原本是一篇长达三万多字的文章，并完成于作者刚刚出版《纳西语英语百科辞典》之后不久。其目的是弥补自己既往对纳西文化的介绍过于生涩及“阳春白雪”之不足，改而写下这本“下里巴人”式的普及性通俗读物。故，内中所述尽是“最令人感兴趣的纳西部落简略趣事”。的确，文中所介绍的纳西族分布地域及其地理特点、历史梗概、气候与动植物分布、对外交流，以及纳西族族源、文化、教育、习俗、妇女、信仰、宗教经典与文献，等等，都丰富生动，成为继《中国西南古纳西王国》之后对二十世纪上半叶纳西族生活与文化最简要、清晰、真实的呈现，不仅表述精准、文辞优美，而且洋溢着深情厚谊，从形式到内容都充溢情趣。和匠宇将此文与《纳西眼中的洛克》合璧，融为于一体，完成了自己对纳西学的新贡献。

和匠宇先生坚持“信”“雅”“达”相统一的翻译原则，对原文风格、精神的雅美再现，为这一精彩锦上添花，焕发出异样光华。约瑟夫·洛克的生平、性格、追求、贡献通过此书得以展现，离我们很近很近。仅这一点，也体现出和匠宇先生的学者本色、学术功力。

这部专集的情怀，还见诸其版式设计、插图出自对纳西文化一往情深的艺术家张跃兵先生之手。张先生于二十多年前就手绘过地图本《行走丽江》，以及绘画专辑《梦不见丽江》。这次的表现更彰显其才情，他使约瑟夫·洛克许多概念变成具象，令许多抽象还原为形象，使一切都那么亲切、温润、珠联璧合。这篇长文的获得本身，更照见一段富有温度的文化因缘：没有旅德剑川籍白族友人张仲琨先生历时一年多的“上下而求索”找到原本，就难圆这个国际纳西学交流交往史上的美好传奇。这亦见证了这本书的译者和匠宇先生是何等宅心仁厚、得道多助。浓浓的文情，以及深厚的友情、乡情、爱国情，铸成了这件文化瑰宝，并如期而至。

我坚信，这部书的出版是对西方纳西学之父约瑟夫·洛克的最好纪念，也必将成为国际纳西学发展进步的一大催化。所以，我要在此向和匠宇先生表示热烈的祝贺，向丽江骏宇文化创意产业有限公司出品此书表示衷心的感谢。

白庚胜

国际纳西学学会会长

2019 年 9 月 29 日于北京紫竹公寓

前言

受作者之托，我十分乐意和荣幸为此书写前言。由于洛克在30多年前就认识和匠宇，我了解了纳西族及其辉煌的文化。从此，纳西族一直就是我为之骄傲和仰慕的民族。

很多人不知晓的一个事实：作为奥地利籍美国人的洛克，从20世纪20年代到50年代，洛克大部分局限于为美国国家地理等机构从事探险、采集植物、摄影工作。哈佛大学1947年出版的《中国西南的古纳西王国》就是对他前面工作的一个小结。而洛克的全部学术巨著，是1950年以后逐渐由意大利罗马东方研究所支持、资助和出版的。

由图齐教授创建的意大利罗马东方研究所，是一个世界性研究东方学的权威机构，图齐教授也成为世界上最著名的汉藏学家。在20世纪30年代他的《西藏考古》一书是对西藏高原的一次完整的田野调查记录。他从洛克的文章中看到了一个重要的线索：起源于西藏但随之已经默默无声的苯教信仰现象，通过一种神秘的象形文字，被写在了粗糙、厚厚的长方形纸片上，由部落祭师代代相传。这个民族就是生活在四面环山的丽江地区的纳西族。从此，在图齐的指导、支持下，洛克先生从一个植物学背景的科学家，从以采集植物、摄影和写游记为生转变为一位杰出的亚洲文化研究专家。

意大利罗马东方研究所已经出版的罗马东方丛书中，优先出版了洛克博士的两本著名著作。这两本著作：东方丛书 12 辑《纳西族的纳加崇拜及其有关仪式》2 卷，1952 年；《阿尼玛卿山脉及其邻近地区》，1956 年。在洛克逝世后，他一生顶峰的代表巨著《纳西语英语百科辞典》上下卷于 1963 年和 1972 年在我所东方丛书 28 辑出版。

而在 1962 年洛克到瑞士看病期间写下的这篇 2 万字的精品《纳西族的文化与生活》，1963 年在德国威斯巴登付印后，由于种种因素，大家都知道有这篇文章的存在，但就一直不见其踪，以至于到 1998 年和匠宇费尽心力找到此书后，我们的图书馆才有了藏本。这本小册子中，还有洛克请瑞士专家对 28 本经典东巴经书做的材质和电镜分析的研究报告，用德文写成，很有意思。这本著作和匠宇到手后就立即翻译成了中文，但一直没有机会出版。

出版洛克《纳西语英语百科辞典》原因是图齐教授

认为这部百科辞典对研究汉藏文化及其结合部地带有着巨大的价值，因而不惜耗巨资，甚至忍痛卖掉了珍藏于研究所的600多册东巴经书来筹集出版资金。1996年我在西安“中国西北文物修复中心”担任意大利援助的文物修复项目专家时，早就萌发要出版这本专著中文版的愿望。所里决议将最后一套重达几十公斤的涉及洛克的东方丛书带到中国授权交予和匠宇，将这个历史重任交给了他。和匠宇不负众望，翻译完成了上卷并在2004年由云南教育出版社出版了中英文对照的这本巨著。

纳西族文化的研究，从本世纪20年代开始至今，已经历经百年。国外学者已发表了大量的文章和著作，但从研究的历史条件和背景，其深度，研究的角度和产生的影响，学术性都远不如洛克所做的研究。由于他的研究成果，有人提出了“纳西学”这一概念。在国际上，早在60年代就已公认洛克是纳西文化的研究之父，“没有他在这个领域研究的著作，决不会有今天纳西学的存在”（德国东学家克劳斯·雅纳特，1963）。

图齐先生在工业化开始在欧洲风行时的50年代就忧心忡忡，在洛克一本著作的前言中他曾这样写道：“而在目前急剧演变的亚洲景象中，纳西文化已几乎完全消失。这是非常令人焦虑的现象，因为纳西文化体现了许多使人们感兴趣的现象，特别是从宗教和人种学的立场来观察。

在我们的这个时代，在这个领域还没有哪个学者被冠以专家的头衔，也没有哪一个能与洛克博士相提并论。他在纳西文化研究上有着不容置疑的权威性，在纳西语言和文字方面的知识也无人能与其匹敌。我们真挚地感激他在生活在文明世界外围的纳西部落，收集了众多精美的象形文经书。这对研究纳西历史、神话及宗教有着不可估量的价值。他树立了一个德才兼备的榜样，只是在当今的世界，这样的人太少有了。无私的奉献表明了他是一个真正的学者和科学家。”

所幸的是，纳西文化没有消失，在丽江，在中国，有那么多的人为留住它，默默地做着奉献。丽江骏宇文化创意产业有限公司为出版此书所做出的努力，就如当年罗马东方研究所支持洛克的研究一样，永远会被铭记。

洛克当年的心愿，是让更多的人了解丽江，了解纳西族，了解纳西文化。他曾说：“我已经瞥见了纳西的生活，他们的文化、语言，等等。我要把这一切以一种简明扼要的形式在这本书中奉献给大家。”这本书的出版，我想是遂了他的心愿。

这一本洛克最后完成的著作，是他留给人世间最美好的礼物。

意大利国家博物馆东方馆馆长
意大利罗马东方研究所董事
罗伯特・查拉
2019.9.9

目　录

上篇：

下篇：

约瑟夫·洛克

上篇

洛克眼中的纳西

纳西部落的地域

在中国最西南的广袤疆土上，有一个美丽多山的省份——云南，意为彩云之南。这个难以接近的省份具有多样化的气候，从热带的酷热直至终年不融的皑皑白雪。在其南部，海拔低于 90 米，但渐渐往北隆起至 6,100 米。白雪皑皑的雪峰，在此处形成了云南与西藏的边界。

云南省的中部地区是高原，气候的变化不大。就如变化多端的地域和气候一样，云南人口的构成情况也是丰富多彩的。最西边居住的是相对来说人数很少的汉族居民，但是这块地域还居住着众多的原住民部落，他们

之间互不侵犯。气候的因素决定了部落的边界，南边居住的是掸人（傣族），一个以稻米为主食的民族，接下来是剽悍的克钦人（景颇族）、傈僳族和怒族。前者占据了萨尔温河谷的南部地带，后者则占据着北部地带，这个地带从云南边界一直延伸至西藏。民家人（白族）是原以大理为首都的南诏国居民，他们不但定居在云南省的中西部，而且在澜沧江的东部也有他们的踪迹。在民家人的北面生活着纳西人，这就是我们最关注的部落。他们在一个与世隔绝的地域生活了近 2000 年，发展了自己的文化。纳西族受到北边藏族的影响较大，而其他邻近民族对它的影响则很小。

纳西人生活的区域是从北纬 26°05′ 到 27°45′，但在西边沿着澜沧江一直到北纬 29°05′，东经 98°30′ 到 100°10′。大部分区域位于云南西部，有一小部分则居住在属于（原）西康省的西南部地区。西康现在成为四川省的一部分，在这个地区纳西人与古宗人杂居在一起，汉人将古宗人称之为藏民。澜沧江与长江在这里流入了深谷和数千英尺深的大峡谷中，两条大江主宰着该地区的水文地理，无论在什么地方有一丁点平地，纳西人就种上他们所需的农作物。

由于地理上的限制，纳西人没有完全占据澜沧江河

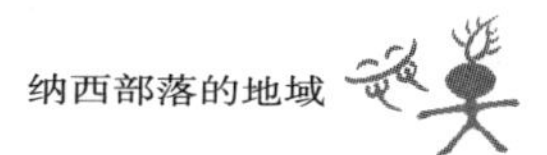

谷。藏族村庄与纳西族村庄杂居在这一地区，一直延伸到云南的最西北部边界，在这一带主要以藏族为主。

纳西族聚居密集区在长江第一湾的东西两岸。丽江，纳西语称“衣古”，藏民称其为“三赕”（ས་ཐམ），是纳西领地的中心，位于长江大湾的南端。

澜沧江和长江的大多数支流，都源于高耸的雪山山脉。值得一提的是永春河，它是汇入澜沧江各溪流中最长的一条，这段地带全被纳西人占据，在这条河畔坐落着维西城，而其他的溪流都很短。长江支流中最重要的有 4 条。最长的一条纳西语叫“余多吉”，汉族称作冲江河，它从中甸高原流下。第二长的河流纳西人称作“苏吉”，或藏人称作“撮呼”（ཚོ་ཧུ），它发源于西康高原的北部。汉族错误地命名了这条长溪流，把它错

当成是无量河的一部，而无量河是从东边即丽江的东南方向流入长江的。我把那条长河（苏吉）的纳西名称翻译成了中文，称它作铁河。纳西人居住在这条河的下游地段，再往北边我们可以发现“吕喜”部落和藏民。第三条支流是由两条溪流形成的，纳西语称为“吉迫”和“吉那”，即白水河与黑水河，仅在黑白水的下游我们才能发现纳西定居者。玉龙雪山一直延续到了长江第一湾，大江从雪山的西北面穿过去，这些溪流的源头就在山顶东面的斜坡上。在南面，在丽江附近涌出的股股泉水形成了漾濞江最北面的源头，这条江先流向南方，然后又转向西方流入澜沧江。在长江大湾的东面地域，居住着摩梭部落，他们的祖先与纳西人有关系，然而他们没有自己的文字。

丽江城距大理的北部边界 30 英里。古南诏国一开始被称为六诏，纳西人的地域属于第六诏，属受越析诏国王波冲统治的最北面地带。丽江坝子的海拔为 8,200 英尺（2,450 米）以下，但在西北面上升到了 10,000 英尺（3,048 米），许多纳西村寨都坐落在 10,000 英尺以上海拔的位置。

纳西地域的历史概略

春秋时期，在中国的西南地区还未为世人所知之前，当时列强之一的楚国庄王的一个后裔，在前 280 年进军到西南，探查了长江上游地区并占据了他们称之为滇的疆域。当这个后裔打算返回楚国向他的国君报告时，他发现秦国已攻占了楚国。由于路途阻塞返程艰难，因而他只能留在滇域，自封为滇王。滇这个云南的古称谓一直沿用至今。

令人关注的是中国在距昆明约 30 英里处的晋宁石寨山进行了考古发掘，在离晋宁 3 英里的这座山上发掘了一些王室墓穴。在一大批铜鼓中，以及刻有狩猎场面的各种有趣的物品和刻有据今最早的云南标志符号的徽章中，最引人注目的是一枚刻有滇王字符的出土金印。其日期可以追溯到庄蹻（又作庄豪、庄峤）的年代，即前280年左右的第一代滇王。详情可参看北京文物出版社出版的《云南晋宁石寨山古墓群》一书。根据庄蹻在前280年征服的云南中东部地区这一史实，这个地区曾居住着被称为濮蛮的一个原始部落。在纳西人从中国西北方到达此处之前，他们曾占据着丽江这片疆域。

濮曾是一个相当古老的部落，我们对他们所知甚少。他们首次出现在史料上的时间，是西周（前1122—前1116）记载有关武王的史料中提到的。纳西人在他们的象形文中描述了濮人会食用濮部落的死者。一个纳西谚

纳西象形文字“濮地”

语叙述道："在开始到丽江时，他们曾依靠濮人来供给他们给养。"在纳西象形文中，濮人的形象是农耕民（见上图），第一个象形文字表示一个濮部落的男子（濮曾是丽江的原住民）。这个符号表示了他们曾经是农耕者，并且主要从事耕作，会种植稻谷。因为字符"西"代表稻谷；"堆"表示土地；他握着锄头；在他的头顶的符号是用来记标音符，音是"氆"表示气泡；第二个字符"堆"表示土地，但它们也可读作"氆氇"表示羊毛；点状表示谷粒，这个象形文字表示濮人居住之地。

在东巴象形文文献中，纳西人以一种幽默的方式解释了他们如何依靠濮："在鸟飞来之前，树木仍在燃烧，在纳西人定居下来之前，濮人就定居下来了。在濮居住之处无须在其他地方寻觅食物，鸟类也无须去寻找栖息的树木。"

在纳西将濮人彻底撵走之前，纳西人生活在石灰岩洞里，这一地区是由石灰岩构成的多山地区。

古代中国将整个西部地区称为西南夷或蛮夷地，到汉武帝初期打开了这里的通道（元狩时期，前122—前117）。丽江所设的郡或行政区划分是汉武帝时期作为越析郡而设立的，所处的实际行政区域称为定莋县。

邪龙区位于丽江东北，建立于汉明帝十二年（前

69）。首批的纳西人在前24年定居在此，他们把此地叫作“拉白”，汉人叫剌宝。在丽江出现在史书上以前的很长一段时期内，濮人就已经占据了这一地区。

在宋朝期间（960—1279），纳西部落人口倍增，势力强大起来，并夺取了濮人的地盘，在其首领麦扎醋醋（Muan-za Tsu-tsu）的领导下建立了他们自己的领地。这段历史，纳西人在他们称作“崇搬绍”（创世纪）的象形文经典中提到。麦扎醋醋前两个字是他父亲的名，纳西族古代使用父子连名制。

然而纳西祖先最早的首领则被认为是叶古年，他生活在唐朝武德年间（618—626）。他后面有20代，第20代是木得，是第一个取姓氏为木的丽江首领。叶古年又名叶古乍，最后一个字很容易误认为年。他征服了古时称为三赕的地域，这在元史上有记载，三赕位于丽江以东，在长江边雪山（玉龙雪山）脚下，原为濮部落居住地。这个三赕与藏语中的“ས་ཐམ”完全一致，纳西称作“撒多”或“三多”。它也是一个著名的“姜”（ལྗང）王的姓名，格萨尔王曾同他进行过多次大战。而“姜”，就是藏人对纳西的称谓。纳西人把他当作英雄顶膜崇拜，他骑着一匹白马，当战争一出现他就成了一个神秘的拯救纳西人的武士。他是今日纳西人的保护神，纳西人把“三多”当成是丽江雪山山神的化身，有一部称为“三多”或“三多诵”的东巴经典古籍就是祀奠他的，此经书用象形文写成，其中包含了许多藏文符号。

在唐天宝（742—756）时，这片疆土曾一度被藏族占据，但不久后它就成了南诏王国的一部分。看来在这段时期内，各部落之间仍有大规模的纷争，使这块土地曾几易其主。

在这一时期，濮人重新获得了这片原是他们祖先疆土的控制权。直到“爷爷”（Yeh-yeh）的降临，再度击败了濮人后，此地才又成为纳西的领地。人们把他当成是丽江纳西统治者的第一代，他生活在北宋末期（1101—1125）。“爷爷”的原籍是蒙古人，但他祖先的情况却含糊不清了。

丽江的名字意为美丽的河流，在1254年由忽必烈

定为城府。在唐贞元年间（785—805），长江的名称在当时也称为丽水，丽江之称大概源于此。历史上其他属区的地名历经了变更，但在各代王朝期间，丽江名称依然如故。由于纳西统治者道德上的没落，丽江的居民在1723年派出使者到云南首府向总督请愿，要求将他们的地域归入云南府，建立流官制。云南总督高其倬于是向清朝皇帝雍正请求废除世袭的土司制度。因此统治丽江的首领木钟降为了当地的副行政长官，从而建立了一个流动官员（流官）统治体制（该地区在1723年5月31日改土归流）。从此，当地的副行政长官只是在名义上统治。最后一任的副行政长官木松奎是第33代土司，生于1929年11月7日。

根据新中国的版图，以及在1958年11月所定的自治区的行政单位，在长江第一湾内的地区成为一个自治县，而长江西岸中甸那部分地区成为一个自治州。长江以东的摩梭人居住的地区也是一个自治县，以宁蒗为县城。现在无人知晓那些友好的摩梭首领、永宁君主阿云山的后裔和快乐的寺院住持阿少符的情况。

纳西地域的地理情况

玉龙雪山，或纳西人称作“崩石欧鲁”的雪山是在纳西地区中部的主要山脉，主要由石灰岩构成，而在各个山谷中我们也可发现页岩和片岩，也有一些从前有过火山活动的痕迹，在雪山山脉南端处也存在一些由石灰岩浆所形成的火山口。

丽江的北部和南部有温泉，在深达10,000英尺（3,048米）的阿昌果大峡谷，长江隔断了丽江雪山山脉，在这里的长江入口处附近河岸也有温泉。这一地带到处都散布着湖泊，但几乎所有湖泊皆由地下水形成，由于要靠雨水维系水源，所以都不是恒定的。也有许多内有石笋与钟乳石的石灰岩洞，以及由含有大量碳酸钙泉水形成的美丽的熔岩台阶。

在冬季或旱季，从泉眼涌出的泉水源源不断。这泉水由官方指定的专人管理，进行精确的分配。泉水晶莹透明，但由于水源来自泉眼，所以这些溪流无鱼类，虽然在湖泊中鱼是很常见的。

狮子山上眺望玉龙雪山　洛克 摄（1925 年）

气候、植被与动物群落

丽江气候随着海拔高度而自然地发生变化。丽江的海拔高度为8,200英尺（2,499米），气候温和宜人。当季风从西边吹来时，在夏季中便是雨季，冬天是旱季。湛蓝的天空从10月中旬一直要持续到第二年的6月。冬季的风从11月刮到来年的4月，劲风常常吹去屋顶上的重重瓦片。在丽江冬天的气温很少低于3℃或华氏28°F，但在海拔较高的地带要低一些。河谷地带与澜沧江和长江的那些地带一样非常热，冬季温度仍高于摄氏37°。在夏天，由于降雨和天空多云，气温凉爽。雷电、

暴雨和冰雹很常见，飓风和洪水由于地域的海拔高而不会发生。在海拔较高的地带，常见积雪，但在丽江坝子却很罕见，落雪会很快消融渗入地面，丽江整个地区气候宜人。

丽江地区的山峦覆盖着美丽的森林。较低的山坡上生长着黄松（云南松）。高的地带为白松，以及各类云杉、铁杉和冷杉。在高低地带的中间，还生长着各种美丽的杜鹃花和藤丛，数不清的鲜花点缀着高原草场。岩石和山麓的碎石上生长着虎耳草、十字科植物、菊科植物等。报春花长在湖畔沿岸，这种花在高原草地上生长茂盛，朵朵黄、蓝色的罂粟花也点缀着湖岸。巨大的常绿橡树与混交林一同生长在山坡和海拔为11,000英尺（3,353米）的长江西边的峡谷中。在上面所述的铁杉和冷杉林中，还有数十个品种的白桦树。海拔高度达15,000英尺（4,572米）的地带，白杨、柳树沿着高山溪流生长，一直覆盖到了9,000英尺（2,743米）的缓坡地带。

与那时的彝族和汉族不同，纳西人从不会不加选择地肆意滥伐森林，但也很少种树，对森林的科学知识所知不多。

在干燥的河谷和石灰岩砂砾地带，所看到的多是各种半旱生植物，构成了一些生命力顽强的灌木丛，如带刺的像冬青叶片的浓密的灌木丛。

至于该地区的动物群落，棕鹿常常出没于松林中，黄麂或黑麂则出现在云杉林中，而牡马和麝可在较高的地带发现。以前在雪山山脉豹子很多，纳西老人说，老虎也常出没于浓密的云杉林和铁杉林中。苏门羚、斑羚和岩羊则出没于布满高地石灰岩山谷中，而在茂密的森林中可看到有着白色丰满乳房的黑鹿。狐狸和小熊猫生活在松林的低坡地带，前者大多喜好沿着湖岸猎取野鸭，后者则爱在松树上觅食松子。鼹鼠、豪猪和野猫在当地不太常见。鼬鼠数量不多，一种称作“扒克”的野狗常常出现在高地草原上。在长江较热的河谷和支流地带，多见两种猴子。它们常常成群结队窜到农田中劫掠庄稼。几种飞鼠（体型大的一种是“Petanrista”，体型小的一种为“Pteromys”）蛰居于岩洞中，在夜晚才从洞里出来，滑翔到树顶采食树叶。鸟类随处可见，特别有趣的是一些诸如西藏长冠野雉之类的鸟，它们成群翱翔于高地山坡。在14,000英尺（4,267米）的高耸山崖地带，有一种罕见的动物“夸喇”（勺鸡）。在更高一点的地带，会有成对出现的雪鸡。在云杉林中，有阿姆赫斯特野雉栖息，也有几个种类的长有华丽羽毛的血鸡。颈上有环带的野雉常常出现在9,000～10,000英尺（2,743～3,048

米）的低坡地带。溪流附近可看到鹬。在冬天黑颈鹤与各种各样的野鸭，如翘鼻麻鸭、辟鹄在湖岸和湖中随处可见。在它们附近有一些苍鹭和翠鸟蛰伏于松树上。秋沙鸭浮游于水中，鱼儿遨游于大的溪流，鸬鹚亦漂荡在湖面上。

戴胜鸟、杜鹃鸟和夜莺在8,000英尺（2,438米）以上的低谷地带可找到。在较热的河谷，斑鸠栖息于树上。雪鸠居于靠近冰川的较高海拔的盆地。红嘴山鸦大群大群地嬉戏在高山草地。有两种皮茨塔卡拉属的鹦鹉，常常可看到它们飞越雪山山脉，从一片松林飞到另一片松林觅食松果。（这一地区鸟类的情况详见《美国国家博物馆资料汇编》，vol.70，P.1 ～ 77，(1926)；vol.80，1 ～ 91，(1931)；J.F. 洛克博士所采集的标本。《比较动物学博物馆学报》vol.74，no.5，P.109 ～ 168《云南西北部的鸟类》，由洛克博士采集。）

藏马鸡

洛克 摄

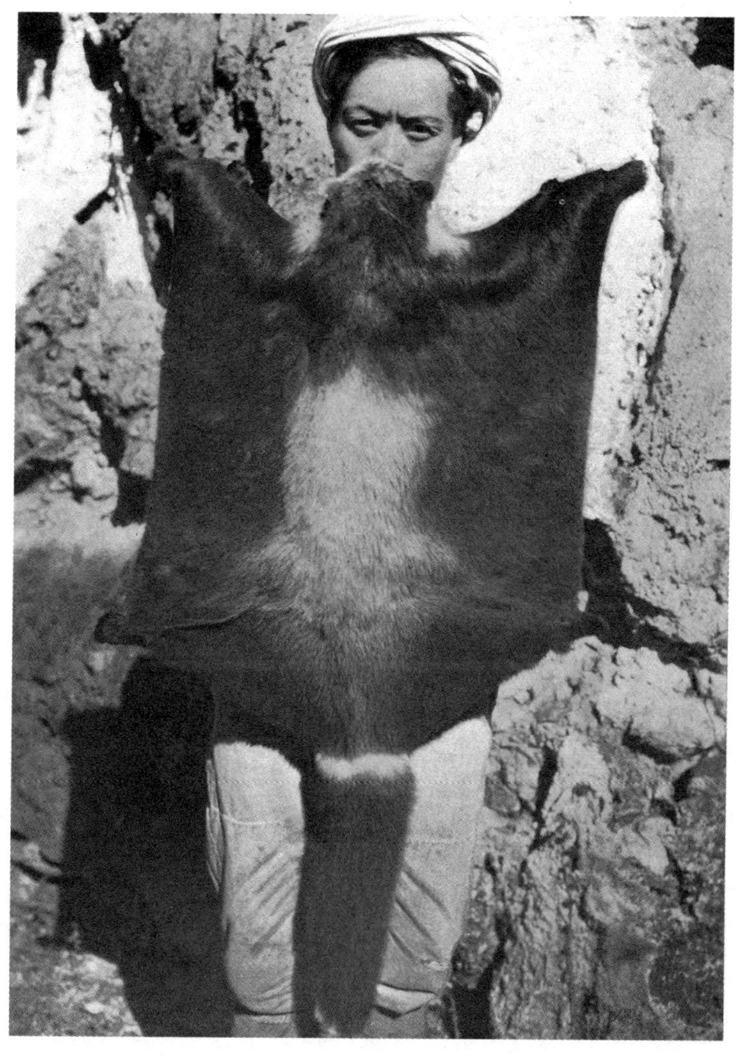

玉龙雪山石灰岩洞中蛰伏的大型飞鼠（Petaurista alborufus ochropsis）

洛克 摄

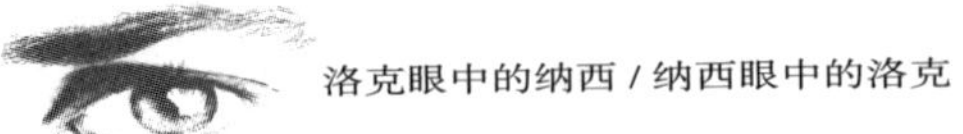

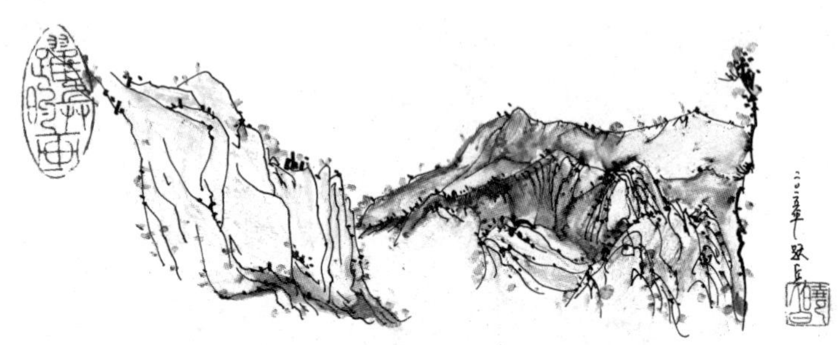

外界交流

在纳西土地上，我们常常感觉到无大道可寻的滋味。这一地区没有任何种类的交通工具，甚至在整个云南省都没有一辆轮式小汽车，因而也没有修建道路的必要。旅行就靠步行或骑马、骑骡，骡马队和绵绵无尽头的小路构成了整个的交通风景线。

历代修建的道路差极了，而且仅仅连接了两个主要的省内城镇。这些所谓的道路是 1000 多年前就修建的，从来没有维修过。道路的宽度很少超过 3 至 4 英尺，在雨季不能通行。道路上所铺的石板年久失修，出现了许多大的裂缝，人们为了通行就只能填上一脚之深的泥土

将路弄平，这样铺过的道路风吹雨淋所填的泥土又会被刮掉，大多数这类“修筑”的道路连骡队也不愿走，他们常常在古道的旁边又开辟了“新的道路”。当一条道路接近一座山时，这意味着无论此山如何险峻，只有硬着头皮往前走了。铺路用的石头其形状很独特，现在在山脚下还可找到，那是农民们取去建盖屋舍剩下而没有带走的。

官员们对修路漠不关心，因为他们出外公干或旅行时总是乘轿子，苦力们起步后必须处处小心。这种现象后来被改编成了即兴演唱的民谣，描写苦力们所遇到的种种艰辛：疏松的岩石，坑坑洼洼和泥泞的道路，沿途死去的动物或其他种种路上的障碍。

从丽江往北，没有铺砌道路。在冬季，骑着马在灰扬的小道上穿过森林和穿过草地是一件很惬意的事情。只有快到达村庄附近时，道路才变得很糟糕，因为人踩和家畜的行走使得道路很泥泞，他们的刺篱笆伸过了路基，除此之外还将在田中挖到的石头统统乱扔在路上，交通工具成为了“压路机”。

对外交流的唯一途径是踩出来的小路，它们通向了东西南北。一条小路从东通向了永胜，再往前是永北。南面的小路通向鹤庆。西边的一条通向石鼓，再通向栗地坪到维西地区，经过了一个小小的纳西聚居地鲁甸，那儿的纳西人说着纳西语与藏语混杂的“西部方言”。往北面，一条小路延伸到长江第一湾的“石鼓”（汉人称打鼓）、“拉白”（刺宝）等地。在石鼓，有用原木做成的用手划水的独木船或羊皮筏，人们可乘它穿越长江到达永宁摩梭人的地盘。在那条路上，没有客栈，马帮必须在草地上自扎营帐，在这些地方骡子、马匹常常受到豹子的袭击。

经过的这些小路实际上没有尽头，有一条明显的小路在北面越过了雪山连到了木里、打箭炉（现在的康定），现在属于四川。这条路根据季节的变化要乘独木舟或过溜索通过雅砻江。往前再往前就到了安多和青海，蒙古和新疆。东边的一条路连到了昆明、贵州，再往前连到了中国的中原南部。西边的一条连到了西藏东南的扎龙（汉族称察瓦龙）通向拉萨。南面的一条通往缅甸的通道至暹罗终结。

纳西人很少离开他们的家乡，除了赶马人之外，很少有人到过大理以外的地方，最远不超过昆明以东。但是有些纳西商人一年去拉萨做两次生意，单程就要花 3 个月。在鸦片生意兴盛的云南，马帮把生鸦片运去四川，这是需求量最大的一桩生意。

用革囊渡长江的纳西泳者　洛克 摄（1928 年）

纳西象形文字“纳西族”

注释：纳西族也。

——《纳西象形文字谱》

纳西部落的族源

“麦鲁都茨”　洛克 摄

从纳西族古老的象形文字文献中，我们了解到纳西的祖先定居在遥远的西北草原上，在那儿有白色的毡制的帐篷（圆顶帐篷）。他们认为他们的祖先是“麦鲁都茨”，这或多或少带有点神话的味道，与蒙古的“阿伯汗”有点类似，他是一个白发老人，是蒙古的民族神。西藏人也崇拜他，把他称作“米拆瑞”和“茨阿姆波卡波”。汉人也把他奉为寿神，称他为寿星。他的形象是一个有着高高的前额、长长白胡子的老人。有不少于22本纳西经典都描述过他，还有相当一部分的经典描述了他的妻子和儿子。就像蒙古人与西藏人一样，纳西人把他作为一个神来敬奉和崇拜。他是他们部落的神并且认为他们都是他的子孙。但对生活在西北边和长江东岸的摩梭人来说，他是不为人所知的。纳西对他的描画与中原汉人很相似，但是他身旁没有围着许多小孩，然而二者在塑造他时都塑有一只鹿伴着他，与此有关的一个纳西神话是，正是一只鹿帮助他逃出了毒恶魔的地狱，在那儿他被诱骗受困。

纳西人曾生活在藏东北的草原上，与他们为邻的曾是蒙古人。他们曾赶着牦牛与绵羊游牧，正如我最近在他们的一本经书中所发现的，左边是人们在牝马上挤奶汁，而在右边则向牦牛挤奶。当他们被藏人逐出家乡时成为猎人，在他们向南迁徙到现在家园的路途上，只有被迫以打猎为生。关于他们是羌人支系的论点目前仍存在一些争论。他们进行古老的“麦别”(祭天）祭祀仪式，甚至在他们成为定居者与农耕民之后仍然进行，后来他们又增加了对地的赎罪祭祀仪式。

纳西最老的祖先在祭仪中是用一枝松柏来代表，在较晚些的年代（蒙古王朝期间），松柏也代表了他们称为“卡”的皇帝（这是一个来源于蒙古可汗的借词）。

羌人，至少有一部分现在还生活在岷江以西四川的西北部，原清朝的理番直隶厅。在神圣的树林中，他们仍然进行着一种类似的祭天仪式。D.C. 格拉海姆在《氐羌人的风俗与宗教》一书中描述的情景明显与纳西的“麦别”（祭天）仪式相仿，羌人在祈祷仪式中把神圣树丛献给天神，天称作“姆叭色”（Mu bya-sei），毫无疑问与纳西的麦（muan）是同音的（最后两个字母不发音，但是带部分元音的“u”是一个鼻腔音）。他们也祭地神“鲁”（Ru），纳西的祭地称为“勒”（Llu），在纳西语中无“r”音，“i”和“r”可以互换。我相信“bya-sei”这个词实际上不是出现在天和地二者名称的一部分。羌人的五个大神我们也可在纳西的神祇中发现，在纳西地方他们被敬为五行（五种元素）的神。感到遗憾的是格拉海姆没有复制到他称作“羌人圣书”的文本，要不然可以同纳西的占卜书进行比较。

羌人的村庄以高塔而著名，大概是建来抵御入侵者的。而纳西村庄不具有这类的塔，然而在澜沧江河谷与苏吉河谷或左冲江还盛行建塔。现在在木里还可看到明

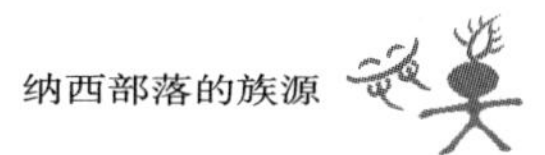

朝早期纳西人为抵御生活在他们北边的藏人部落入侵而竖立的塔。

纳西部落由几个氏族组成，基本上是建立在四个氏族之上，他们是洪水后祖先之一“哥来秋”的四个儿子。这四个儿子取名为“何（禾）、买（梅）、叶、素”。目前实际上存在的氏族是古何、古扎、普独和古哈。古哈是人数上相对来说最少的一个氏族，当地人都知道普独和古哈属于素氏家族，本族的纳西首领是叶氏族的后裔，现在被认为属于古何氏族。

纳西古氏族名，汉文献作“买”

纳西古氏族名，汉文献作“何”

纳西古氏族名，汉文献作“素”

纳西古氏族名，汉文献作“叶”

《纳西象形文字谱》载纳西古氏族象形文字的写法

在古代，纳西没有家姓，直到明朝，统治者洪武皇帝在1390年给纳西家族赐了一个汉姓：木。纳西的农民多用和姓，这个姓不在中国的百家姓之列，纳西人对这个字有一种讽刺性的解释：和是由音字“禾”和偏旁“口”组成。字的第一部分，如果去掉一撇余下的偏旁是“木”，而禾的意思是粮食。纳西人把他们的家姓和解释为供养给木家粮食的人，由于他们的税收大多数是以交粮食这种方式或部分以这种方式支付。

在纳西王木生白（1598—1646）统治期间，由于组织的完整性，纳西部落超越了周围的所有邻邦。那时纳西拥有强大的武士，曾同唐朝的军队作战，并在大理的南诏军队协同帮助下击败了唐军。在大理太和有一块碑文记载了此段史实。当忽必烈的蒙古军队进攻缅甸时，纳西人又与蒙古军一道协同作战。后来纳西人又被征兵到中国的其他地区作战，平息其他部落的叛乱。

社会基本的单元是村，村中的头人是被指定的，纳西头人对他的部下握有生死大权。纳西族是一个易被统治且诚实的民族，但是当纳西人受到不公正的对待时，就像在我居住的那儿所发生的情况那样，他们会轻而易举地把正义取到自己手中，把行政长官逐出这个地区。

纳西文化

房屋　　当纳西人从山洞中移居出来后，他们便建造木屋，用木片盖在屋顶，压上石头。至今，在（原）中甸县白地的纳西村庄，这种方式仍然延用。此后，他们采用上部为木结构的形式，下部用泥坯和石灰石来建造土木结构的房屋。一些妇女在制作这类的土坯和夯土墙方面很有名气，很显然已脱身出来专业做这类工作。当他们把南边和北边的濮人赶进山里之后，纳西人占据了他们的土地并开始原始的农耕生活，但是他们仍保留了最初在高山草原上放牧羊群和牦牛的生活习惯。

农具　　一个神话“余咨米哈什”告知了我们整个纳西人当时是这样的情形：男孩上山砍来“不舍”（黄栗木），制作了一架犁。用白松木做“舍夸”，即犁的主干。用“拉卡”（白杨木）做成了牛轭，用“尼厄”（绣球藤）或“察与车”（五月瓜藤）做成了搭环，用竹子制成了“依哲”或缰绳。用杜鹃花木做了所用的锄头把，用从“波”（纳西对濮人的口头俗称）那儿得来的铁制作了犁铧。后来也用铁制了铁锅、铁罐和铁镰，这些器皿的把，纳西人都是用黄松木制成的。

为了晾晒稻谷，纳西人取来了“录柏”（云杉），竖立起来作为挂粮食的晒架，中间的横杆用小白松的树干做成。纳西人用连枷给粮食脱壳，必须用好木头来做连枷的轴芯，因此他们用了桧柏，外边用“科斯”树（车轮棠树）。为了扬簸谷粒，纳西男子去深涧砍来了竹子，妇女把它编制成了筛子，扬簸粮食的工作由妇女来做，为了计量粮食和存储粮食，纳西人用白松木制作了一个箱子，妇女用竹子编成了一个大箩筐。他们将黑色的大石块中心镂空，用冬青木做轴，制作了石臼，用于除去谷粒的外壳，碾槌是用白松木制成的。

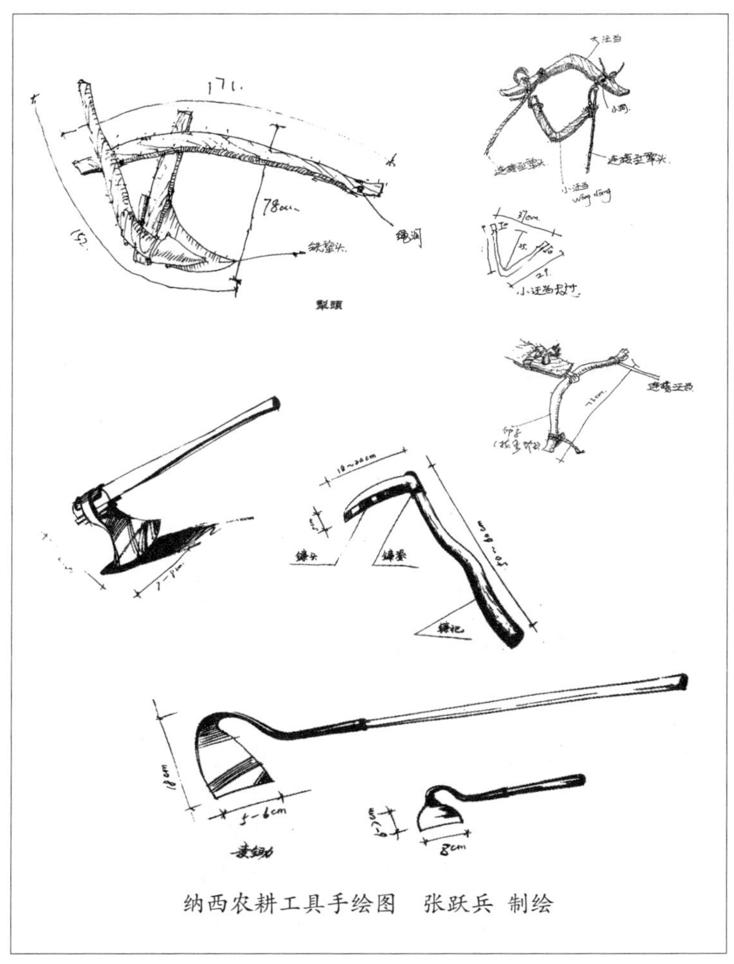

纳西农耕工具手绘图　张跃兵 制绘

酿酒　　他们蒸谷物制成酒，为了发酵或醇化谷物，他们用了一种叫作“尼拍巴”的高山植物制作酵母，整个过程在《ZMFCNK-SWCk》一书中有详细描述。

木桶　用黄松木制成木桶，桶箍用一种叫作“乌拍杂”树的皮做成，它的植物学名称不详，再用松脂涂抹桶壁和接缝以防止木桶泄漏。这种防漏方法是一种叫“斑鸠”的鸟教给他们的，记载在一本纳西语叫“古吐里”（ghugh-to-li）的古老经典里。这个神话中还告知了我们纳西如何用各种粮食，如稻谷、麦子来制作各种不同种类酒的方法。纳西语中把这类酒称作“gko-bpa”“dtv-lv”和“ndsher”。

主食　纳西人的主食在神话中称为“拉拉”，口语上称作“巴类”，是用面粉、小苏打和水搅拌混和后，再放入火灰中烤制而成的，因为纳西人没有烤炉。

器皿　纳西人用各种木头制作家用器皿。他们雕制了“箩”，一种大浅盘。他们没有制造陶瓷的知识，不会制作陶罐和陶杯。陶器在后来也开始使用了，纳西人从他们南边的民家（大理原住民）部落得到了陶器。

榨油　纳西人种植核桃和柿子，他们用核桃榨油，把油用于烹调和照明。他们也用其他植物的种子来榨油，如大麻（canabis sativa）、油菜和一种纳西语叫“属达”

（青刺果）的紫色果实来提炼油脂。

穿着　　妇女用大麻，或她们称作“纱”的纤维纺织麻衣。大麻这种植物在每家的庭院附近都有种植，她们用公麻的纤维制绳索，雌麻的纤维则按需要的长度编织 3 至 4 英寸宽的布料。如要制成较好的布匹，老妇人会把一种野菊（Gerbera del avayi Franch）的白色表皮精细地编入麻纤维中。

男人们现在穿着蓝色的棉卡其布制成的裤子和短外

纳西织物所用原料麻素描图

衣，冬天穿上熊皮或羊皮背心。他们通常戴一块深蓝色的头巾，而在服丧时戴白色的头巾。

吟唱　纳西人没有游戏，只有一种用普通鹅卵石来对弈玩耍的棋类。古代时，他们曾习射弓箭。舞台表演只有那些名不见经传的、流动的内地艺人来此登台献艺。但在节日或重要的日子里（如出生、结婚或葬礼）要举行舞会。情景是这样的：男人们和女人们面对面，互不接触，向前向后地移动步伐跳舞。在一个老人的葬礼上，只允许男人沿着火堆围成一圈跳舞，他们频繁地替换人跳。根据声音的洪亮程度，选出一个领唱者，他既吟唱有口皆碑的英雄传奇，也诵唱一个古老的称作“匝匝磋”的葬礼歌谣。一次唱一段，每唱一段就由圈内的其他男人重复吟唱一次，大家都手牵着手。这类舞蹈跳起来通常都是通宵达旦，因为也没有地方能提供那么多来参加老人葬礼的来访者住宿。大多数他们所吟唱的歌都是即兴创作的，当他们启程送葬时要吟唱一首称作“谷气”的歌曲。这首歌通常以一个高音调，用厄、厄、厄、厄的音节开始唱，在这之后，就唱一些自编的歌词，歌词通常是诉说生活的辛酸。“气”的意思是冷、悲伤，这种情绪在带有神秘的气氛中传递交流。他们使用

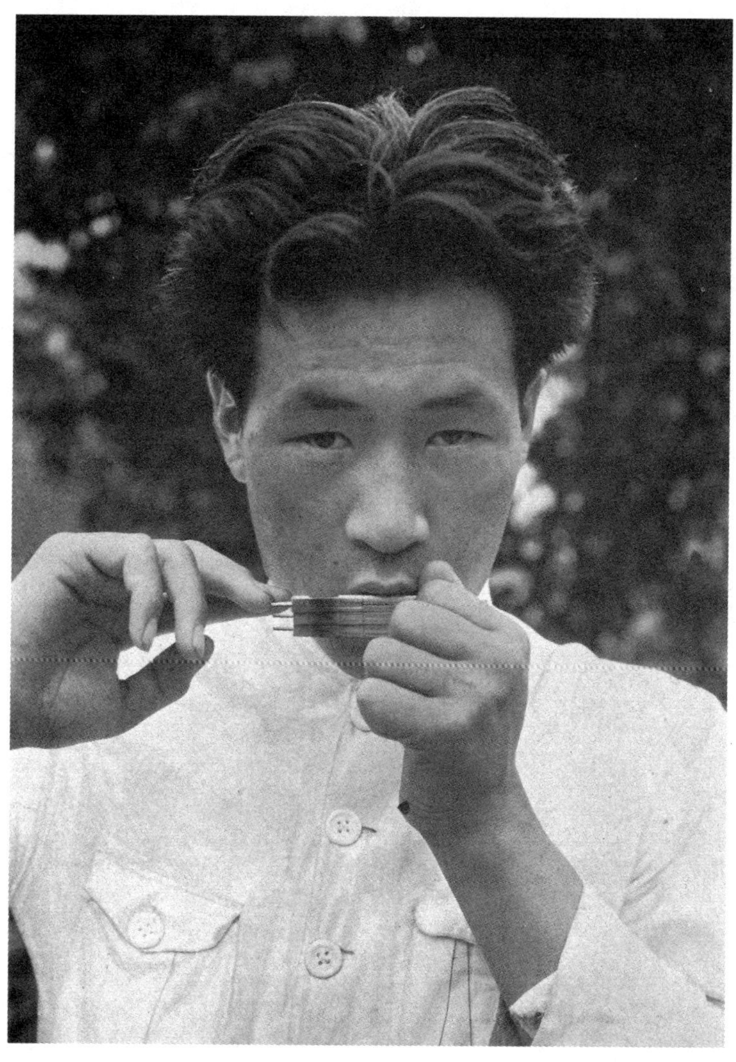

拨弄口弦“咔库库”　洛克 摄

“咔库库”（口弦），只有年轻人携带这种乐器。至于其他的乐器，纳西还会使用竹笛和类似于吉他的弦乐。

科鲁　他们用羊毛制成毡子。首先，用竹子编成一个筛子，筛子放在地上，把羊毛铺在它的上面。将热水泼在它上面并将整个毡子卷起来。其次，加上另外的一层羊毛，根据所希望的毡子的厚度和质量，将该过程重复3至4次。用脚快速踏压，将羊毛卷起来，这叫作“科鲁”。

腌制　根据一本古老的手稿，他们肯定知道如何腌鱼。因为纳西的祖先在到达某个湖时，曾有人教会了他们如何捉鱼，并将鱼用盐腌起来。纳西人也学会了用“吉库”——一种新鲜的水生植物来做腌菜。虽然我从未听说过腌鱼，但我确实尝过腌制过的蔬菜。

肉　古时侯的纳西人以打猎为生，用炭火烤鹿肉，用鹿肉做汤，用麂子肉和蔬菜做菜肴，把熊肉当菜，将肋条煮熟供食用。他们在土坑上盖上松毛设置陷阱，所捕捉到的野猪，他们称作“布吉”，去骨去肉后的猪皮用来做床垫，猪肉则供自己食用，并在新年作为礼物送给朋友们。

纳西传统方法加工的猪膘肉，在永宁一带也流行　洛克 摄

纳西人饲养猫、马、牦牛、羊、鸡和狗等家禽、家畜，狗用来陪伴他们去打猎。由于没有火枪，他们只能用弓箭去猎兽，但更多的情形则是利用他们所设计的几种类型的陷阱去捕兽。

猎手们能猎到鹿、麂、牡鹿、岩羊、青羊和长鬃山羊。他们吃长鬃山羊的肉并用其皮制无衬里的短衣。狐狸、小熊猫、山猫、野猫、豹子和各类鼬鼠都能猎到，他们会很好地利用其皮毛。

牛羊肉也是纳西人的肉食，一个月才可吃到一次。一年宰杀一头大母猪，要供一个五口之家吃一年。

古时候的纳西人吃鸡肉，但一般不吃鸡蛋，特别是病人不吃。鸡蛋用于某些宗教仪式上，如“毒别”（驱鬼）和“麦别”（祭天），用来抵御从天上来的魔鬼。

乳制品　纳西人喜爱乳制品，如黄油和一种奶酪制品，有点类似于游牧藏民的奶酪。酥油是从牦牛奶中制取的，仅够供应当地人消费。酥油的包装既用桦树皮也用羊胃，它带有一股特殊的气味，就像藏族的酥油一样。当纳西人外出旅行时必备酥油、炒青稞面和蔬菜，就像藏族一样。他们把酥油和盐加进热茶中搅拌，然后倒进茶碗中，用手将酥油茶和青稞炒面合成一个面团来食用。

纳西象形文字“蔓菁”

水墨芜菁图　张跃兵 绘

蔬菜 这里的气候非常宜人，每年纳西人可以在同一块土地上种植几茬不同的庄稼。他们种植冬小麦、小扁豆、黄豆、青稞和不多的燕麦。在较肥沃的土地上种植稻谷。他们主要的蔬菜是青菜、白菜、芹菜、萌萝卜、豆类、瓜类和茄子。较为特别的一个品种是当地种植的一种百合（Lilium davadii），球茎部分用来蒸熟食用或与肉一道炒熟后食用。最有用的一种植物是芜菁（brassica rapa），一种萝卜，纳西人称之为“居余”，也叫“蔓菁”，长在地表上，叶和根、茎皆可食用。块茎在纳西语中称为“阿克”（a-ko），切成长条并晾晒干，冬季草料不足时用它来喂牛。

医疗卫生 纳西人的整个生活还处于饥寒的状态。虽然水源充足，但却无洗澡的习惯，只有少数人洗脸。眼疾很流行，没有厕所，大多数患有肠寄生虫疾病，尤其是蛔虫与钩虫病。每个夏天，50% 以上的人口都会患阿米巴痢疾。由于卫生条件差，他们有许多种皮肤病。在牛马中蹄疾和口疾也很流行。在纳西地域，既没有医生，也没有医院和护士，只有江湖庸医和当地的草医。纳西人自认为疾病是由某些鬼魔引起的，病了就请村里的巫师或东巴驱除引起这种疾病的特定的鬼。

空洞的封号 纳西农民的生活确实很艰难，尤其是在受木氏王朝统治的那段时期。为了得到显赫的名声，他们的首领很热心于从明代皇帝和清朝早期的皇帝那里得到封号，而大多数封号都是徒有其名。这些首领曾提供资金供王朝修建皇陵，提供给养给其他省的军队。作为回报，他们收到一些没有价值的封赏，而农民们的负担沉重。首领们得到一点缎子，偶尔得到一些价值 20 两银子的象征性礼品，如薄纱、袜子、靴，而他们却供奉了数千数万两的金子，为皇朝军队购买服役的战马。所有纳西首领中最有名的是木生白，曾奉送了许多金子给帝王宫廷及提供士兵的军饷。由于这些进贡，他得到了许多空洞的封号，甚至他的双亲也得到了死后封的殊荣。

生存 纳西人主要是农民，然而，有些人也在不从事耕作和收获庄稼时，去当工匠或手艺人。他们的儿子在雪山上放牧，主要是牧牦牛和羊群。中午他们就烧起火，在火灰中烘烤麦面饼就食。纳西人所能耕作的土地不多，普通的农民如果遇上收成不好的话，只有离家出走，行居不定。有时候不得不吃掉来年的种子，却仍然遭受着饥饿。在初春，儿童们被派往山中，去采集一种叫“滴里”的蕨类植物以度饥荒。纳西人有一个关于“滴里”

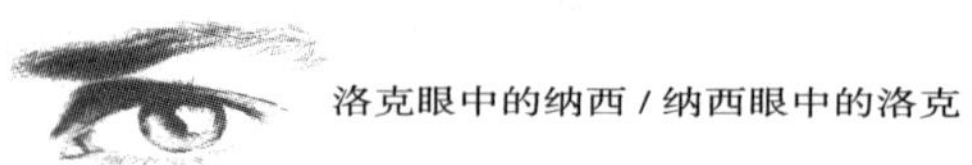

的如下传说:“当蕨类的嫩芽发出时，孩童们就不必当心死于饥饿。”他们中的许多人从未享用过对他们来说奢华的大米饭，那只是领主们及其亲戚所能享用的。

照明　　在他们的经典中，他们教导后人如何利用牦牛和绵羊奶来喂养羔羊，而那时候纳西人仍生活在草原上的毡包中。当他们定居在现在的家园之后，他们使用了菜油来点灯，或把松明块做成柴捆，点燃柴捆插在房中墙壁的裂缝中用于照明。

糖　　糖在纳西地区是很稀有的物品，价格也很贵。因为糖产于适宜甘蔗生长的云南南部。这种糖称为沙糖，不太纯净，呈棕色。但几乎每个村庄都有蜂巢，鲜花遍地而生，不缺蜜源，所以蜂蜜很美味。

土灶　　纳西人的居家土灶没有烟囱，木柴燃烧时产生的滚滚浓烟从墙上和屋顶的许多裂缝中飘散出。纳西人房屋的上部结构的墙（土坯）常常没有砌到屋顶，在墙和屋顶之间留下了一二英尺的空间。灶常常由三块石头构成，在上面放上一口大锅。

“三多”庙（北岳庙），始建于784年　洛克 摄（1925年）

宗教　纳西人历史上从未建过庙宇，在丽江地区唯一的一座庙宇是北岳庙（又称“三多”庙，见上图），位于中文名的玉龙村（du-gkv），其历史可追溯到1000年以前，南诏王异牟寻（784—808）在唐朝时期建造的，中文名叫北岳庙，即祭奠北面山岳的庙。北岳与三多是同一座庙。在它的庭院内有巨柏，可以证明庙宇的年代，庙内的石碑也证实了这一点。这座庙的建筑风格是按中国内地的寺庙式样来建造的，纳西在此祭奠他们的恩神“三多”。

明朝末期，大约在1627年，噶玛巴白教喇嘛在这个地区开始传播喇嘛教，中国的道教与佛教也进入这里。

但是在中甸的白地，生活在那儿的纳西人没有受到汉人或其他部落的影响，只受到北边的邻居藏族很少的一点影响。在那儿既找不到坟墓，也看不到庙宇，他们那里信奉东巴经典，由于藏族经常来犯和焚烧纳西村庄，这种古老的经典所剩无几。

封闭　纳西文化很少有纪念物的形式，如宫殿或墓葬等，因为他们的宗教是一种自然崇拜。他们所奉行的是一种纯粹的实用主义，并局限在了狭隘的传统模式中。纳西人从未靠近过文化的中心，对他们来说，中原文化是一卷未打开过的书，因为少数民族既不读中文书，也不说中文。另外一个使他们难以获得中原文化的原因是汉族自己的观点所导致的，汉族除了对较为强大的土著部落加以关注之外，对小民族不感兴趣。在1723年以前，汉族把纳西人留给了他们自己的首领去统治，只是在纳西民众自己向云南总督请愿要求归入云南省后，才指派了清朝的行政官员去管理这个地域。

纳西人与世隔绝，然而最大的障碍则是他们自己设置的。早期纳西文化是完全自我封闭的，因为他们在早些时候所遇到的只有濮人。后来他们有意远离除了南面民家人以外的那些邻邦，认为这些邻邦的文化水准都比

他们低。长江（金沙江）就像一条护城河一样，把纳西人的土地围绕起来，长江大湾之内的雪山山脉是纳西人的聚居区。除南面之外，纳西人的这块地域易守难攻，长江大湾形成了一个马鞍形的区域，没有通道可进入。

工业在此地很难开拓。横亘的大山特有的地理环境阻碍了纳西人同汉族交往。长江上没有太多的桥梁，只建造了一座 18 根铁链的铁索桥，也就是这条 2,000 多英里长的大江上的唯一一座桥梁。大河上下处处都存在着难以逾越的障碍，交通闭塞造成了交流的困难。

度量　　除了在一本经书中提到过一下之外，在其他的文献上都没有记载度量单位。“吕”是一个测量单位，它的长度是两手伸开两指尖的距离。

镜子　　在经书中提到过镜子，但是称作“米努”，这意味着它是从藏语“melong”而来。藏族用一种石头来制作镜子。

冶金　　金属的加工实际上不存在。在纳西经典中提到过他们是从“濮人”那儿得到铁锅的。而所用的剑和镰刀他们则归结为一种超自然的来源。这表示了纳西人自己没有制造过什么铁器。但在经典中又提到了锉刀、钻子、铜锅和斧头。

古代武士　在古代，纳西人为他们的武士感到非常骄傲。武士们具有制造武器的知识，现还遗存一本叫《武器的来源》的经典。这本经典记载了在“达努”丧仪上吟唱的祀文，一个武士在仪式中要表演在战争中所用的各种武器。所有武器的使用方法皆加以描述，但没有提到过火器，这说明此书的年代已非常久远。

武士身着一个片状的铠甲，用漆漆成红色，在红色的底色上带有金色的饰图。肩部采用同样的材料制作盔甲来防护，实际上它不是一条袖套，而是与下面的臂袖连成了一体。纳西属于后来称为南诏的六诏之一，南诏军队的军官使用犀牛皮制的胸甲，纳西人把这种铠甲称作“该吉”。纳西人穿着不带袖子的盔甲衣，叫“该”，这种奇怪的甲衣现在尚存。为了保护头部，他们戴着头盔，与当时蒙古武士在成吉思汗时代所戴的头盔有点类似。头盔由 18 块铁片组成，9 片在内 9 片在外搭接起来，用皮条将顶部固定住，纳西人将其称作“布格”。他们的长剑、短剑很独特，实际在武器上与西藏的剑非常不一样，长剑叫“该”，短剑叫“日”，前一种用长长的皮

南诏时代纳西武士穿戴的犀牛皮铠甲　洛克 摄（1926 年）

套装起，扛在士兵的臂上，装饰上一点白色贝壳，第二种插在腰带上，就像藏族携带长剑一样。

为了抵挡利矛的刺入，他们使用一种硬竹制成的圆形盾牌。这种盾在东巴经典上有画为证，称作“波毕”，但这种罕见武器已荡然无存了。实用的武器是弓箭，箭叫作“鲁布”，弓称作“鲁玛”，是用牦牛角制作的。裹上了虎皮的箭囊称作鲁吉（箭袋的意思），箭头用铁制成，名为“桑麻”。为了保护前臂不受到剑击，在射箭时他们穿一种护甲，称作“拉帕”，而且可以戴牛角做的指环用以保护大姆指，称作“塔玛”。把镰刀加长和加工成锯齿状，叫作“达”，它是一种收获庄稼用的主要工具，但也可用来作战，在绘有他们的保护神的一些画像上，可以看到手里拿着长铁镰。他们有一种叫“斯庐”的磨刀石，用来磨锐武器。另外一种武器叫“哥舍波普”，用铁制成，就像第一个音节所表明的，很像大鹰爪子，刃由铁锻成，插入和固紧在一个木柄上，用一条带子在连接处捆紧，武士用它来击打人的胸部，将其心脏撕出。纳西经典里没有提到过任何种类的火器，也没有提到火药。武士们常爱身着虎皮四处游荡，给敌人心理上造成恐惧。他们称作“打呐”（弩）的武器，纳西人从未使用过，在书面语言中也不存在这种武器。纳西

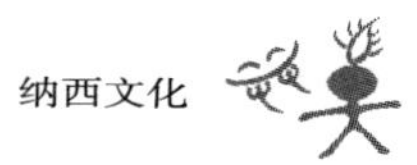

用白海螺召唤武士去战斗。

考古　纳西族的考古方面是空白点，他们没有坟墓、坟岗或贝冢。纳西从不把死人埋葬，而是焚葬，在汉朝和以后的朝代期间，他们没有像汉人那样给死人放随葬品的习俗，因此没有留下器皿或其他物品，这使我们无法从多角度对纳西的归属进行了解。

在纳西地域上没有古代的石碑、石柱，只有到了明朝，统治者才竖立起一些石碑。相传大约 220 年时，诸葛亮在长江第一湾立了一块石鼓，但鼓两侧的中文碑则是由纳西王木高（1548—1561）所刻的，记载了纳西人与汉人联手打败强大西藏人的业绩。

另外一个遗留物是一座小塔，是由忽必烈的士兵建造在长江边靠近巨甸的阿瓦村。元朝军队在 1277 年远征缅甸时，曾在此村安营扎寨。塔仍然耸立着，但原来的蒙古铭文由于时间太长而磨蚀了。

在雪嵩村后面，离雪山几步之遥的悬崖上，有一个很大的摩崖石刻，是首任中国行政官员杨铋为纪念纳西地域改土归流而作。这篇铭文涉及了玉龙山，把它称作“瓜吉库录阿部”，意思是一个支撑苍天的玉柱。很显然，第一任官员是满洲人，因为他来自牡丹江。

教　　育

丽江地区纳西居民的数量，民国二十二年（1933）普查得到的数字如下：丽江地区在册为28,375户，这包括68,216位男性，64,366位女性，总人数为132,582。其中，5,340位的男性识字，即他们可以读和粗略地书写中文；妇女中只有170人识字。

虽然纳西有两种书面象形字和一种标音文字，但只有东巴能识读。由于它是一种助记符，随着时间的推移，能读懂它的东巴越来越少。年轻一代的东巴只有记住靠上一代凭记忆而传下的全部内容，否则就是全忘

光了。至于汉语，在古时候就从没有中原汉人执教的学校。况且农民们用于学习的空闲时间很少，孩子们也必须劳动以帮助父母，尤其对女孩子的教育就完全不能顾及了。后来政府只是在县城和城郊的村庄建立了学校，在偏僻的村子，农民聘请他们自己的老师执教小学，用旧庙来做校舍。

农民中有很多人目不识丁。虽然近年来省政府建立了一所师范学校，也有省外汉族教员来此，但学校由于资金匮缺不得不放弃。

由此可见，在纳西土地上几乎无教育可言。纳西部落的情况在云南算是好一点的，生活在云南省西部边远地方的那些部落文化程度更低。

房舍与家具

在古代，纳西的房屋建得很简单。墙用土夯实而成，房间的隔断用竹子编成的席子糊上黄泥，这样的隔断在文学语言上称为“muen-har-gya-aw”，口语中叫“piu-piu”。厨灶有三尺多高，称作“瓜”，三侧都是同样高度的“床”。只有老人和青年男子可绕着火塘边睡觉，带着孩子的年轻妇人不允许上床睡觉。不允许从上面的床穿过至侧面的床，她要给“素”生命之神留下地方。在火塘的中央是三块石头，在上面支锅烹调。无论何时，任何人喝茶时首先要倒一点在三块石头上，称作“重”

献给祖先的灵魂和献给“素”（生命之神）。

在北面和火塘的上方有一个架子放着“素”的神龛，篮中放有生命神，也有“non dtv”，一个篮子中还有18个叫作“若”的石头，代表保护当地动物的神灵。在火塘南部没有睡觉的地方，那是“麦独”的休息之地，放有一块石头。它是一个四方形的石柱，是天的支柱，代表四方的神“ngyu-na”“shilo ngyu”或“mount suneru（Kailas）”，它的前面是个香案。这根石柱捆在两根粟树上，插上柏枝构成了“麦别达”祭坛。

在婚礼时，新娘站在“麦独”之前，东巴要用放在一个“ko-byu”末端的奶油抹在新婚妇女的前额上，同时涂抹酥油在麦独休息的那块石头上。

房屋的院子叫“gyi-gkan”，院子的边上有晒谷架，架子的臂很长，纳西话称“Boa-mun-la-sher-gko或Boa-mun”，也是家的意思。纳西族房屋的其他部分有点像汉人的房屋，院子大门左边的马厩是用来关养牛、马和猪的。家畜拉的粪便积攒多了，就挑到田中做肥料，但纳西人从不用人粪做肥料。

玉龙雪山脚下的雪嵩村，纳西族使用晒架来晒干农作物，热带雨林植物扇棕（Trachycarpus fortunei）居然会生长于高原之上

洛克 摄（1926 年）

婚姻与丧葬

前些时候，纳西土地上出现了自由恋爱的情况，有人揣测出这现象是从以殉情为结局的许多爱情传说而来的。单一的纳西家庭在订婚和结婚上与汉人的方式一样。自从纳西地域在1723年改土归流之后，汉族官员主宰了政府，一些纳西的习惯随之有所改变。

纳西人一生中最重要的两件事情：一是结婚；二是葬礼。对那些曾经与爱侣双双堕入爱河、互相爱恋的纳西人来说，结婚是一件最令人烦心的事情。1723年以后，孩子们被撮合在一起并由媒人张罗订婚，纳西人把

这种牵线人叫作“米拉不”。他们认为高飞在云中的仙鹤“米拉不”是飞在天与地当中，柏枝处在崇拜者与神之间和早晚的星星之间，“米拉不”在太阳和月亮之间。这不意味着纳西人没有婚礼，婚礼庆典称为“素柱”（会见生命神），也叫“素库”（邀请生命之神）。在一对配偶结婚之前，要准备好一个新的“素独”（用于生命神的篮子），每一个新家庭必须有自己的生命神，新的“素独”要摆放在桌上。在婚礼上东巴要扎“素柏”命神之线给这个男人和他的新娘，这个“柏”（线）也要捆到灶神的上面，它也称作“ssu-bber gko-bber”，即生命之线的爱情线。偶尔新娘也借来汉人的绣花服装，但在这种场面穿着时却很不自在。

生活在 1930 年的东巴已经很少有人能解释“素住”即婚礼的经卷。

一夫一妻制并非是唯一的形式，如果第一个妻子不能生育，男方会再续娶另一个妻子，第二个妻子的地位与第一个的地位看来似乎是一样的。现在的新婚夫妇会请一个行政官员或道师为其主持婚礼。不信教的纳西人的结婚仪式与其他地方结婚的仪式相比并没有什么特别之处。

在丽江地域殉情很普遍。纳西东巴要举行一种繁杂的仪式，叫作“赫拉里科”（大祭风），来给殉情者超度。从前这种仪式是做给那些死于非命或暴力致死，或是战斗中死去的人。超度的目的在于要把这些人的灵魂送回他们祖先的居住地。

每一个纳西人对死亡都是很关注的，因此对他最后的呼吸特别加以注意。一个人快要断气时，家人会立即把所需谷粒的数目和银子放在他的舌下，男人要含9粒米和一点银子，妇女则含7粒米和一点银子，然后等他慢慢逝去，不是像这样死去的人就不能被顺利地护送到他们祖先的王国，并会变为一个游荡的风鬼。

在“祭风”仪式上，一只活鸡要放在殉情的地方并在适当的时辰把它吊起来或杀死。这样死去的人的呼吸于是由鸡来做了替身，这称作“a-na-ssaw-la-ko”，意思是黑鸡可以再度呼吸。

没有结婚的妇人更倾向于去殉情，自己单独去或与她的情人一起去。因为妇人的生活更为艰难，她要承担劳动和生育儿女的责任。

在“祭风”仪式期间，有两种经典在许多人中吟诵。在这个仪式上，一个已殉情的生命幻化成了最艳丽的玫瑰。

殉情后来变得互相影响和很风行。他们被告知死后可永葆青春，并与相爱的人永远在一起，他们将飞翔在

爱永恒的怀抱中，他们将与风一起飞翔，不会再有死亡，也不会有再生，但是生命在永恒不变的青春幸福中长存。我在《开久美命金的爱情故事》和《鲁般鲁饶》两书中完整地描述了整个仪式，详细解释了殉情的动机和方法。

现存的煞费苦心而进行的葬仪，是根据死者的身份是祭师、老人、祭师的妻子或者是老妇人，来决定仪式规模的大小。对一个勇敢的武士或一个勇敢的妇女也可进行一种特别的仪式，所有这些仪式有 16 种之多。“日每”仪式则是每个人，无论是年轻人还是老人都需要举

最隆重在东巴祭仪之一大祭风　洛克 摄（1931 年）

行的一种仪式，这种仪式以及属于它的经典，我都进行了详细的翻译。

对于年幼的儿童，则没有什么葬仪。简单地不用棺材就埋掉，可以埋在任何地方。焚烧死者时要遵循一条规则：按祖先传统规定所需要用的木头数目来焚烧，男人用 9 至 10 根，妇女用 7 至 8 根，自杀者 5 至 6 根，男孩童 3 至 4 根，小姑娘或小孩 2 至 3 根。

在一个人死后的 3 年之内要举行一种叫“西努”（khi nv）的丧仪，通常是在村庄郊外，把搜集起来焚烧后的死人骨头放到一个小袋中，再把从头颅到脚的一部分存在山洞中，或埋在山丘上，就像丽江北部“拉伯”那儿一样。

纳西妇女

一直到共产党到来之前，纳西妇女的地位都相当低下，她可被父母卖给任何人为妻，而她却无可奈何。再者，她既不能从她父母那里，也不能从她丈夫那里继承任何东西。如果她是一个没有丈夫的寡妇，或没有儿子，她的亲戚可能把她卖给一个想要与她结婚的人，或只能待在她丈夫的家中忍受亲戚们的羞辱。如果她有一个儿子，她就可以同儿子住，但房子不属于她。当然，在儿子和母亲之间也有很深的骨肉之情。

纳西妇女的生活是非常艰难的，她要干除了犁田以外的一切农活、家务活。即使是犁田，她也要在前牵牛协助，而一个孩子坐在犁架上压住犁头。

纳西妇女们通常很剽悍，有着玫瑰色的脸庞，有像骡子那样的坚强精神。纳西妇女身材高度平均，穿着比男人好。她们处理家中的所有平常事务，做买卖，而男人只是照顾孩子和抽吸长长的烟斗。

纳西妇女也酿酒，编织和缝制自己的衣服。她们比男人具有进攻性，会在路上拦截男人把他们用棍棒击翻。她们很有幽默感，就像男人一样。男人个儿很高，精心梳理他们的头发。他们的皮肤比汉人的要黑，呈深棕色。他们的蒙古型眼睛呈深褐色。妇女们常常会在黑色的、直直的，梳理得光光滑滑的头发上面扎一个粉红色发夹。

没有学校供女孩上学，她们只是家里的帮手，因此在妇女人口中的文盲很多。在 1933 年，64,366 个妇女中只有 170 个妇女识字。共产党来后这种情况大有改观，第一个布告就是关于妇女翻身解放的，妇女享有了与男人一样平等的权利。很多 35 岁以下的妇女都自愿要求去当兵，共产党发给她们枪，或者如果枪不够时，就发给她们棍棒。每日的大多数时间，妇女们都在操练。她们唱着《约翰 · 布朗的身体躺在了一座腐朽的坟墓上》这

首歌曲的旋律和新填的歌词在操练，她们的丈夫吆喝着牛在旁边看着而不敢出声，这就是共产党赢得大家拥护的最进步的妇女解放运动。

同样的情况在其他部落的年轻一代中也是一样。汉人过去总是蔑视部落居民，轻蔑地把他们叫作夷人或不开化之人、番子和蛮子，其意思是一样的。也把他们的部落写为诸如猓猓之类的，喜欢把犬旁的偏旁放到同音字一旁，表示对他们的轻蔑。红色政权解放了各民族的部落，并宣布他们具有与汉人相等的权利。在开始时就吸收了他们作为热情的支持者。土地重新按家庭的人口来均分，这对较富裕的人是一个极大的震动。

大多数部落可以通过其妇女的穿着就区分出来未婚或已婚。某些形式的未婚和已婚妇女的裙子和服饰前面描述过了，发式是已婚妇女的区别标志。所有妇女都穿长至脚踝的裤子，既有棉织的也有家纺的，脚踝以上她们通常裹上深蓝色的紧身绑腿。每种布的质地以及穿戴方法都有特殊的名称，“拉市左”是已婚妇女头上戴的裹布，她们的头发做得凹一点。一种主要的服装可遮住胸部和背部，称之为“巴巴”；另外一种所穿的服装“坎肩”是一种短衣，在背部加以延伸，就成为一种围裙，穿在前面。裤子叫“勒”。北部一带背上穿一块羊

纳西妇女 洛克 摄（1931 年）

皮，这种鞣制得很好的山羊皮，还带着长长的灰毛。它用两根白色的带子绑在前面，羊皮或山羊皮的背部（毛向内）刚好在肩部下面，有 7 个绣上去的圆圈，称作“巴谬”或“玛吉”，它代表大熊星座的七颗星。羊皮肩头上的两边绣着两个圆盘（现在很少见了），圆盘称作“喜巴”，代表太阳和月亮的大小，两个圆盘称作“玛鱼巴”。从前妇女还穿一种宽大的百褶裙，一直拖到膝盖，它用白色的大麻布做成，称作“鲁帕冷吉”，很有名气。褶称作“冷吉”，它也是楼梯或刻有坎的木头的名称，“鲁帕”象征银白色，口语中这种裙叫“特”。

纳西人制鞋用牛皮，鞋底用大头的铁钉钉牢。鞋比较初级，左右脚都做成一样，不穿短袜和长袜，妇女有时也穿皮底的汉族式样的布鞋。

纳西妇女在市场上是卖主与买主，当赶街时就背上一个竹编的篓，用一块黑羊毛做装饰。在旧时，未婚姑娘的辫子扎在头布内而不露出来。

在葬礼上，姑娘们要裹一条长长的白带在头上，绕裹到 2 至 3 寸厚。儿子们在其父的葬礼上要戴称作“普鲁”的头帕，它很似一块头巾，像帽子一样罩在头顶。孙子辈，在他们祖父祖母的葬礼上戴一顶叫“拉洒伯卢”的帽子，它由撕开的细藤条和一种像芦苇的小竹子编成，并且有散开的帽沿，称作“拉洒”，有意使它看上去很丑。哀悼者所戴的另外一种帽子用黑山羊毛做成，叫作“次巴纳”，如果用黑牦牛毛制成，就是很有名的“北素次巴古么”。妇女在葬礼上所用的头饰称作“得几帕么特”，用白色的麻布制成。

已婚的妇女有一种特别的发式，头后部的头发绕到前面来与前面的头发汇合，前后的头发在头顶上扎紧，前面的部分用称作“古各”的硬毡条固定，另外用一条硬毡条或几股棉麻绳扎起，从头的后部翻起，这叫作巴搭。通过两条这种条子，使头发定位，然后戴上“古资”，在这上面再放上称作“北吉”的一块头巾。

纳西妇女使用两种梳子，粗齿的一种叫“倍”，细齿的一种叫“倍子”；前一种用来梳发，后一种用来捉虱子。

没有洗澡的设施，她们洗脸就是表面上洗洗，虽然我也见过长得很好看的脸净颊红的姑娘。

在节日场合，她们佩戴珠宝、耳环，以及固紧衣服前襟的别针。许多人在双手上戴银镯或玉手镯，还有许多人用串上玛瑙的项链缠在头上，她们访友时总是在左手上持一块手帕。

信　仰

显而易见，纳西人不信宗教，但不是没有宗教。一种与汉族相类似的迷信非常流行。所有可能要做的事，都要卜星问占凶吉，来定吉日和凶日。例如，如吉祥的话一个新娘就可离开娘家，嫁进新郎家。如果那天离开她父母家是吉日，但进新郎家不吉，那么她的亲戚要修建一个木板和灌木做的小棚放在路上对着新郎的家，在那儿她要住一天或随后的一个晚上，或根据需要确定长短，直到吉日那天到来她才能进入新郎的房屋。

从无记载的年代起，他们就有了萨满巫师了，大概

纳西象形文字“除秽”

当他们生活在草原上的时候，就在草原上向天地赎罪。东巴引导了纳西人的生活几千年甚至更长时间，每个村庄都有一个或几个东巴。

巫师的技能是由父传子而继承下来的，在一个东巴的丧仪上，他生前用过的剑、海螺、钹、圣瓶、丧棍、衣服，都要给他的儿子，在这时要吟念“nono saaw”(《迎物器经》)。

当举行仪式时，作为酬报，对东巴要供以食物和酒，此外还要杀动物祭神魔，并施与一两块钱的云南银元。此外还要花点钱用于购买各种各样的物品，如纸旗等常用的物品。东巴收到的一小部分钱则花费在他的路费，以及仪式上用的各种树，“科标”(木牌)、“多玛”(面

最有学识的大东巴和华亭　洛克 摄（1931 年）

偶）等物品上，大部分仪式用品都由巫师自己做好。

根据他们手稿的记载，纳西宗教的创始人是“东巴什罗米午”(dto-mba-shi-lo- mi-wu)，他与苯教中的“ton-pa-shen-rabb-mi-bo”是同一个人。接照传统说法他来自西藏，某些文献中又说他到达过“o-dso du 或 bpa-ler-o-dso du”（拉萨）教过书。在《格萨尔传》206 卷，第五行中我们可这样读道（格萨尔王）:“他来到了人类大地教授知识。在路上他来到了‘bar-lha-od-gsal’。”根据纳西的口头传说，东巴什罗诞生地是“o-mun-lo-li”，它就是藏语中的“ol-mo-lung-rings”。

东巴什罗画像

神　　祇

纳西人有很多大神和神灵，但女神很少。有精灵、山神和五百多种恶魔。

纳西两个主要的神是依格阿古和萨依瓦底。第一个神是用藏文“[illegible]”来代表，第二个神是用纳西象形文字“[illegible]”来表示。依格阿古除了在《恒日皮》（神路图）有图像之外，其他地方从未有象形文字提及过他；但他的名字用字母是很难拼出发音的。萨依瓦底在各种经书中总是用象形文字来表示，并且在纳西的绘画中进一步勾画出了他的形象。看来他首先是以某种意想的感觉形式

存在，既而变成了一个具体形象，也塑造出了萨依瓦底的双亲，尤其是在神路图《黑日皮》画卷中。依格阿古的情况也大致如此，很难推论出两个神中谁先谁后。由于所有的纳西神灵和魔鬼在《纳西语英语百科辞典》的第二卷中给予了详细说明，在此就不再赘述了。

纳西崇拜三个大石，也崇拜大的椭圆形的黑色石头，但只在祭天时才加以抚慰。也提到了“都鲁”，每一个神都有其自己的“都鲁”或能镇住自己敌人的岩石。这些石头是白色的，形状为三角形，即它们本身的自然本色。原始的意思表示“董”和“术”，相当于汉族的阴和阳。它们通常被安放在大门外面或房屋的入口处作为保护神，黑色的石头置于祭坛的后面，它也是房屋的依托和支撑的基础。绝不能把它从“达”处或崇拜之处移走，也不可抚摸。在纳西土地上，东巴常常在春天执行“素都库”或“纳加崇拜”仪式。

在房屋中除了祭坛就无其他地方供奉神灵了。如果要举行一个仪式，则把客厅转变为一个临时凑合的小神堂，东巴或巫师的舞蹈仪式在家中的天井中进行。仪式持续几个小时到五天，甚至更长，这取决于仪式繁复的程度，是“镶灾”还是“大祭风”。

在明朝，“噶玛巴”喇嘛教传播到这里，僧人是从西藏来的，他们从纳西人中招收新教徒。喇嘛教在这里从来没有兴盛过，所建的五个寺庙只有一个“解脱林”经过了很好的修葺，并保留了下来，其他四个都不同程度地被损毁。

中国佛教和道教，也传入丽江，但是很少有人信奉。一些孩子很多的纳西家庭，愿意将其中一个儿子送去当和尚，这主要是可以减少一个吃饭的人，特别是男性人口比女性多的人家，每个男孩不一定都能娶上老婆。

纳西人对生命死后的归属观念很模糊，除了在他们的宗教经典上说到了灵魂由他们的祖先护送到天国和神所居之处之外，有些纳西人相信，人有五个灵魂，另一些人相信他有三个灵魂。如果一个人病了，相信是他其中的一个灵魂为魔鬼或“纳加”所偷而致，东巴将要来招回它，再祭献给特别的神或“纳加”。为了全面窥视记录纳西宗教仪式的各种书籍，这些书的题目可在我的参考书目中找到。特别是《纳西语英语百科辞典》第二卷，记述了他们所有的神、灵魂，事实上还包括魔鬼等在内的全部神灵。

纳西族是一个温良谦和的民族，具有很高的道德标准。没有一个妇女会脱去外衣，做梦都不能梦到穿上西方姐妹们所穿的那种裙子。纳西人喝酒不多，这

可能要归功于他们的古老习惯，这习惯防止了任何人酗酒。他们愿意坐成一圈，每个人同时通过一根草来吮吸酒碗中的酒，同样多的酒精消耗完后就加入同样多的水再装满，并且这一直要重复到碗里全是水而不是酒以后。

纳西人是无拘无束的人民，没有狂欢，有自律意识。顽皮的孩子们没有鬼哭狼嚎似的大声乱叫，所有纳西人都过着幸福的生活，没有人欺压人的现象，虽然他们还很贫穷，但不能说他们不健康。

纳西象形文字“律布”

注释：卜师也，女巫也。

——《纳西象形文字谱》

律　　布

与东巴最为相似的是“律布”（llu-bu），也称“吕布”，古老的萨满，是真正的巫师。

第一个纳西的“律布”名叫“麦帕夸鲁”。他是萨满或纳西最神秘的祖先，也称为“麦鲁都茨”，西藏人叫他“mi-tshe-ring ”或“soaw-po dkar-po”，蒙古人叫“tsaghau-abghan”，这两个民族也都崇拜他。这种萨满不是一个单独的宗教，因为它是纳西东巴文化的一部分，它是一种古老的已遭破坏的宗教现象。他们不会一直处于恍惚状态，而是保持清醒或半清醒状态。这种能力不

是像东巴那样世袭传下来的，而是由萨满的守护神赐予某一个人的，即三多，纳西的山神。

现今“律布”都是男人，古代都是由纳西妇女来担任，最大的特点是精于各种占卜。有时一个东巴也可是一个“律布”。“律布”常常被当成精神失常或者是神经错乱者，他要承受各种各样的幻觉和幻象。当进入状态时，他们对疼痛毫无感觉，他们可以用烧得滚烫的菜油洗脸；手持红彤彤的火钳放在牙齿之间；还可以用赤裸的双手把烧红的石头放在手心；把手放入烧烫的油中又取出；带着沾满火星的手去访问每个房间驱魔，嘴里还唱着咒语。

他们没有固定住在某个特殊的村庄，但是常被邀请去远处的村子举行降神会。在他们的仪式中，他们使用一个扁锣，一柄剑，和一面大的、圆形的鼓，把鼓置于地面上。偶尔，用一个上面挂着许多小环的大铁环的器械。在一个临时拼凑的“神堂”中，把“三多”神画像挂在一面墙上。他时而用非常特别的号叫声，时而用平淡的声调来吟唱，把剑抛向空中然后敲着锣沿着房屋的院子狂乱地奔跑，他能够使动物如一只鸡进入催眠状态，然后把它当作祭品献给“三多”神。

“律布”穿一件红色的铠甲，上插两面小旗帜，两

面穿了孔的大旗帜置于背后的腰带上。他的服装通常是一件长长的蓝色棉长袍，通常是撩起前襟把它塞进前面的腰带中。

想要成为一个“律布”，他的行为通常开始时像一个着魔似的人，如果他是从丽江地区来，则要跳舞走遍雪嵩村的所有路，然后抵达三多庙。进庙以后，在一个形似坐着的“三多”神的白色木头之前，一直要在那儿转圈。纳西人坚定不移地相信，如果“三多”神同意了这个貌似癫痫病的疯子成为“律布”，一块红色的头巾将会降落到他的头上。当这种情况一出现，这个想成为“律布”的人顿时虚脱人事不省，这时要将红色的围巾系在他的头上，由乡民或朋友们把他送回家。

“律布”在月夜举行降神会。在家中帮助那些希望通过“律布”与他们死去的祖先联系，寻求得到祖先的忠告和祈福的人。

纳西经典与文献

虽然纳西人生活在中国文化圈的边缘，但他们仍发展了两种形式的文字：象形文字和标音字。后一种文字是用于记录咒语的，它由与汉字和彝文有关的简单字符组成，我已经在其他地方驳斥了标音字或音形字符是近来发明的论述。

现在在纳西人的家中仍可看到象形字，因为人们是根据自然形象画出象形的，符号表示了植物、动物和鸟类。今天这些植物、动物和鸟类大多数仍生活在这个地区。但是也有几个例外，有几种有疑问的动物没有出现在丽江地区，而是出现在遥远的北方草原和蒙古的高山

上。比如，他们从未看到过骆驼，它的一个正确的符号却出现在其经典中。大象的符号也有出现，他们同忽必烈可汗的军队一道在1277年去攻打缅甸时，应该遇到过大象。

在书写象形文字时，他们会产生一种幻觉，所描绘的动物是最真实的。有一种动物是神话中的创造，它是独角兽，纳西话叫作“ssi”或“ssi-ma-ko-tkhi”（带一根刺角的动物），可能原来要表现的是犀牛。

他们发明了自己的文字来保存他们的神话传说和苯教萨满的种种仪式。至今这些仪式相当广泛并且有活力，这实在要感谢这些文字。虽然这些经典具有的是助记符的作用，然而主要的事件已写录下来，有了它就不需要用更多的想象来提供给我们非基本的东西。当它来自口头句子时，这时象形字或表意符按标音来用，来表达不存在的符号的抽象概念。他们把他们的文字叫作“森究鲁究”，即记录在木头上或岩石上的，有关各种描绘植物、动物等的符号。

在纳西统治者的家谱记载中，纳西象形文字是牟保阿琮所发明的。他生于南宋末期（1200—1253），象形文字的出现要比这早是毋庸置疑的。

在后来的经典中要提一下的是哥巴字或音节字符。这种文字只是用于巫术过程，是由他们宗教创始人的门徒发明的，名叫东巴什罗米午，他不是别人，恰恰正是藏苯教中的“gshen-rab ls mi-bo”。他们在后来被用藏语的元音标来修饰是明显的，这些没有意义的符号用来作为添加一个元音使用。

在纳西人掌握造纸技术之前人类已发明了纸，但前人造纸是用竹子和桑树的皮。纳西人造他们的纸是用“旺得”树（wan-dter，Wikstr-oemialichiagensis）的皮，这是一种生长在干旱山坡，海拔在 9,000 至 10,000 英尺地带的灌木。他们剥下这种树的皮，浸在水中用石头压住，剥掉粗糙的外层，把余下的浸渍到水中，在用石灰和氢氧化钾煮过之后，当水溶液达到一定的稠度时，将浆倒在一个有马尾网的框架上。根据所需纸的厚薄，把纸浆摊成所需的厚度，等到所有的水排干。再把这个方块状的框架靠墙斜放，通过太阳暴晒达到干燥。然后将它削出，切成所要的尺寸，用鹅卵石抛成光滑的表面。

大多数纳西的神话是用旺得树皮制成的纸记载的。而另外一些，是近代由桑树皮制成的纸。这种树在丽江有栽培，白族用它做的纸又白，强度又高却又很薄，俗称鹤庆白纸。我只看到了鹤庆纸的制作，但从未观察过用旺得树皮制纸。如果它们仍在生产，在我在丽江居住的期间（1922 年至 1949 年之间断断续续），我不知道有这回事。如果确有，大概在远离丽江的拉伯一带仍有制造这种纸的工艺，但是我见过的写在很新的旺得纸上的经典很少。

在纳西象形文字中有一个符号代表书，却没有代表纸的符号，在口语中，纸叫作“生素”。由于优越的气候，经典得以很好地保存下来，但是由于经常用沾满油腻的手指翻来翻去，大都有些残破不全了。老鼠也常咬掉一些书页，许多书上烧了很多洞，那是由于在仪式上油灯或燃烧的松脂所烧的，这些经典是用于吟唱而从不用来朗读。

明朝期间，白沙生活着有三兄弟的一家人，是有名的东巴的后代，其后裔和国柱活到了 1930 年。三兄弟都是东巴，并对经典做出了重大的贡献。他们所写的其中一本经典上标注的日期是水鸡年的第七轮：第八月属猪的第十四天，在“蕊亨”（zu ha）星（纳西二十八星宿的第 15 星）出现时。这等于是 1573 年 9 月 17 日，或明朝万历年的第一年，阴历八月十四日。书上面还注明了一点：“第一位丈夫，27 岁时写此书。”

纳西东巴对所有的意外事故都要举行祭祀仪式，这些事已在《纳西族的纳加崇拜及有关仪式》以及在《中国西南的古纳西王国》中详细描述过了。到底有多少不同的纳西经典存在，是一个很难确定的问题，但肯定有近 2,000 多种。纳西经典有两种形式的经书。第一种是占卜书或称“左拉”书，这种书具有各种尺寸和形状，许多还伴有图表，大多数是订在书页上面的空白处而不是左边的空白处。除了这些“左拉”书之外，纳西巫师也用占卜卡片，这类卡片超过 30 种，用线串在一起或捆紧其上部的空白处。纸的正面通常是某个神的画像，文本在背面，在文本中解释了什么是吉祥的时间或在什么时间内最适宜去做什么，以及什么不宜去做。使用这些卡片时，由一个要算自己或她的家人命运的申请者抽出其中一张由东巴来解释。其他方式的占卜如采用绳卜，看其是结紧还是解开，或烧羊骰骨，从所产生的裂纹而由各种经书解释得出结论，也可通过烧鸡骨来占卜。

第二种形式的纳西经书是最多的，他们缝得很精致。沿着左侧，并描上了粗线条，有一页繁杂的标题页，某些如《dto-la》书的第一页是彩绘的，非常具有艺术性。利用占卜书，东巴可判定灾难的原因，并决定用什么样的经书才可进行补救。

进一步的详细材料，参看纳西的祭仪和所吟唱的经典，这些书目可在《纳西语英语百科辞典》第二卷和《纳西经典手稿》的目录中找到。

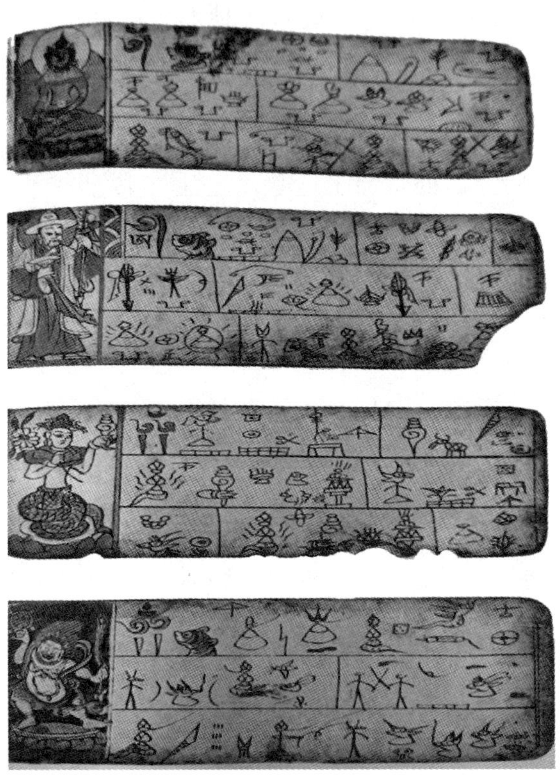

原藏于意大利罗马东方研究所的四本珍贵纳西经典

洛克编号为 Hs.or 1388、Hs.or 1464、Hs.or 563、Hs.or 1527

洛克 摄（1961 年）

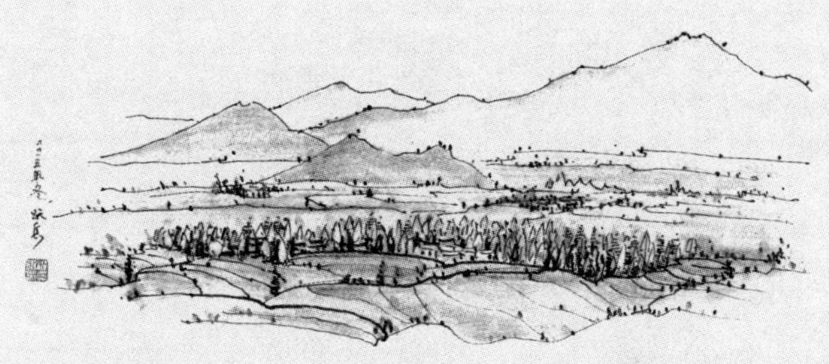

下 篇

纳西眼中的洛克

少年有梦

在东方，中国边疆丽江玉龙雪山脚下一个古老的纳西村庄里，一串串奇妙的音符从百年老屋的窗口欢快地流淌出来，时时还伴有嘹亮亢奋的歌声。对村民来说，华尔兹、交响曲也同约翰·施特劳斯、弗兰兹·舒伯特、瓦格纳、贝多芬的名字一样拗口和抽象，这种来自梦幻的声音是那么朦胧和飘浮不定，同播放它的人一样不可思议。

在雪嵩村里，洋博士洛克的来或去永远是一个谜，没有人知道他的过去，也没有人知道他的未来，只有一

件事情至今让人们记忆犹新。那就是他对音乐的偏爱就如同吃饭、穿衣一样必不可少，无论是在村里，还是到野外采集标本和露营，他总是携带装有电池的留声机和许多唱片。与洛克同行，总是仙乐飘飘处处闻。在空寂无边的山影里，这美妙的音乐却显得有几分孤独和无奈。人在旅途，无尽的乡愁犹如已逝去的童年，只有从音乐中去追忆。

1884 年 1 月 13 日，弗朗西斯 · 约瑟夫 · 洛克出生于维也纳。由于洛克在中国的活动都是为美国机构服务，所以美国人也以“我们的人”定义他，我们也一直把美国人的标签贴给他。实际上洛克原籍是奥地利人。

作为一座音乐的圣殿和贵族城市，世界上没有哪一个城市像维也纳那样被艺术渗透到每个角落，美妙的音乐在社会地位悬殊的人们中间营造了一种无拘无束的友好气氛。在巴黎和伦敦，音乐往往被认为是娱乐，但在维也纳则不然，对维也纳人来说音乐是个人的需要，是日常生活中必不可少的东西，这时我们突然理解了为什么远在中国西南边疆的洛克会对音乐这么着迷。对洛克来说，轻松的音乐是他所需要得到的一种休息，而严肃的音乐有可能是为寻求启示而进行的一种精神操练。

奥地利这个中欧的高山国家曾被称为东西欧国家之

间的十字路口，风光秀丽的阿尔卑斯山脉横贯奥地利西部直至萨尔茨堡州，并一直向南延伸到卡林西亚州，然后向东，高度逐渐降低，直到维也纳西南部。17 世纪末和 18 世纪上半世纪是奥地利哈布斯堡王朝的鼎盛时期，维也纳成为欧洲的文化中心。

洛克的父亲弗兰兹·塞拉·洛克原是个面包房里没有学识和见解的学徒工，在儿子约瑟夫的童年时期，他曾在一个在维也纳过冬的波兰人家里做仆人。母亲弗兰西丝同许多罗马天主教徒一样，十分迷信和热衷于宗教，她严格遵守天主教的清规戒律，参加教会的活动，并在家中设立圣坛，与家人经常举行庄严神圣的弥撒。

洛克 6 岁那年，母亲去世了，这使洛克一家的生活发生了很大的变化。约瑟夫的姐姐卡洛林娜（林娜），在 13 岁时就担负起本应是母亲的重担。

洛克的父亲老洛克长着花白的胡子和头发，怒目圆睁的神态看上去有点像圣经旧约里的复仇之神。由于脾气暴躁，他不能忍受顶嘴和向他询问愚蠢的问题，这使孩子们感受不到应有的爱和温暖。

维也纳一直是西方文明的前哨阵地和大门，洛克的童年正是在这样一座东西方文明碰撞的地方度过的。迷宫般的狭窄街道，鹅卵石铺地的胡同，巴洛克式的住宅楼和中世纪的广场，还有维也纳的森林，所有这些都比

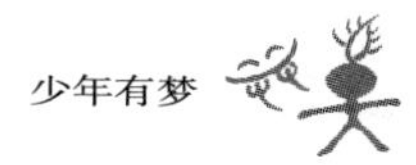

学校的课本有趣得多。洛克是一个天资聪慧的孩子，在学校，清高而傲慢的约瑟夫与他的同学们总是显得格格不入，学校教育使他感到难以忍受，他很快学会并记住的课文，那些愚笨的同学却一遍又一遍地在背诵。在圣本铎的教会小学，学校鼓励遵守严厉的纪律而不提倡想象力的培养，单调乏味的课堂使得洛克一次次地逃学。他常常徘徊在母亲的墓前，或者流连于普雷特广场，在那里有他喜欢的阿拉伯托钵僧、吐火和吞剑艺人。他很快被各种奇风异俗和外国语言吸引。年少时洛克曾从母亲那里学会了匈牙利语，逃学生涯又使他从托钵僧那里学会了一些阿拉伯语的词汇。他开始阅读有关异国他乡的书籍，幻想有一天能到很远的地方去探险和旅行。对洛克来说，中国是一个遥远而神秘的地方，在 13 岁时他已开始自学汉语，在衣服口袋里塞满了写着汉字的卡片，这种离奇的嗜好激怒了他的父亲。他责备约瑟夫浪费时间学这些没用的知识，可约瑟夫还是我行我素，在全家人都睡着以后他仍点燃蜡烛学习汉语，梦想有一天能漫游北京和拉萨。

老洛克已为儿子的未来做了种种安排和设计，他打算让约瑟夫去实现他未尽的梦想：做一个牧师。约瑟夫从小喜欢音乐，在为听众表演时，他吟唱的为罗马教皇

而作的赞美诗十分甜美动人，但他并不想成为一名牧师，离开维也纳去旅行和探险才是他的远大志向。小时候，他对旅行和探险的津津乐道使父亲觉得幼稚有趣，可他痴迷于汉语学习终于令父亲难以忍受，为了这件事家中更是闹得鸡犬不宁，在这种情况下约瑟夫只有偃旗息鼓，把梦想深深地埋藏在心底。

随着对社会认识的加深，洛克渐渐意识到出身贫贱是难以在维也纳出人头地的。维也纳与欧洲其他地方一样，灰姑娘的神话是不现实的。仆人的儿子命中注定永远是仆人，波兰主人家的奢侈和华丽对约瑟夫来说是一种极大的诱惑，在精神上培养了他对贵族品位的追求和对金钱的渴望。

1902 年约瑟夫中学毕业，拿到文凭之后他打算离开维也纳。这一次他没有不辞而别，而是向姐姐林娜和怒气冲冲的父亲郑重其事地告别，尽管父亲连一句祝福的话都没有，他还是选择了走自己的路。浪迹天涯也许能够寻找到新的机遇和新的人生起点，事实证明了洛克的选择是多么正确。多年以后，洛克在读狄更斯的《大卫 · 科波菲尔》一书时，曾为自己少时的先见之明而感慨万分，天下之大，不走枉度人生。

漫游欧洲

在以后的三年时间里，洛克随心所欲地乘船或坐火车浪迹在欧洲和非洲各地，姐姐林娜也不时悄悄地把攒下来的钱用来接济他。约瑟夫的经济来源主要是靠打零工，有时是当导游，有时是当海员，闲游浪荡，日子也倒还过得去。

浪迹天涯的这几年里有两件事值得一提。第一件事是 1902 年洛克到梵蒂冈朝见教皇列奥十三世。按照教廷规定，拜见教皇得穿黑色的礼服，但穷困潦倒的洛克哪有钱买礼服，因而不能去亲自聆听教皇的布道。尽管他

不想成为一名牧师，但他自认为是罗马天主教徒，无论贫穷或富有，去梵蒂冈是一个教徒天经地义的权利。洛克认为这些规定是对他个人的伤害和侮辱，于是从此背离教会，并对教会的组织规范等俗套没有丝毫的好感。第二件事是 1904 年 7 月洛克父亲病逝，约瑟夫匆忙赶回维也纳奔丧，尽管父子不和，但父亲的死曾使他一度情绪低落。弗兰兹 · 洛克一生都贫困潦倒，没有给子女留下什么遗产。姐姐林娜看到约瑟夫的窘境，把父亲留下的金表和自己身上所有的钱都给了洛克。父亲的葬礼过后，约瑟夫到英格兰旅行时患上了早期的肺结核，开始咯血，洛克惊慌地回到了维也纳养病。林娜细心地照料了他几个星期，但维也纳秋季潮湿恶劣的气候使他病情加重，约瑟夫于是匆忙地跑到了意大利，然后又去了突尼斯，地中海和煦的阳光使他的身体渐渐康复。

咯血停止以后，洛克自我感觉好一些，但身上的钱也花得差不多了。这时他找了一份船员的差使随船前往汉堡，后来发生的事说明这并非明智之举，船在向北航行时已是寒冷的一月，寒冷的航行使洛克很快又病倒了。到汉堡后他在慈善医院一直待到八月，然后离开汉堡，到了比利时的安特卫普等地。

漂泊美洲

到美国是洛克一生当中的一个重大转折，后来他在日记中描述当年是如何阴差阳错地到了美国：“那天我买了张到汉堡去的火车票，但没有赶上火车，于是就乘当天9时到纽约去的船。我记得那天是9月9日，安特卫普码头上寒冷的海风与纽约的炎热真是不可同日而语。”在船上打工的工钱恰好抵了船票，在纽约曼哈顿下船时他囊中已空空如也，他开始在新大陆闯荡江湖。

洛克在纽约找到了份洗碗的活，新认识的朋友租给他一个床位落脚。为了尽快学会英语，他故意避开讲德

语的人群。每逢星期日休息，他就如同幼时一样常常徘徊在风景如画的墓地沉思冥想。

随着冬天的来临，这个孤独少年旧病复发，不得不到医院接受治疗。等病情稍稍好转，洛克便前往纽约州的安第雷克山度假胜地找了份工作，但美国东北部的恶劣气候严重影响着他的身体健康。为了寻找一个气候有益健康的地方，洛克乘汽船到美国西南部，后来又到了加勒比海的哈瓦那等地，在墨西哥他也逗留了几个月。有关这个维也纳少年在美洲的流浪生涯始终是含糊不清的，在功成名就之后他更是不愿提及。从洛克的遗嘱执行人——原夏威夷植物园园长阿尔文先生给我的一份洛克的简历中可得知，1906 年至 1907 年的冬天洛克曾到过圣安东尼奥、得克萨斯和瓦可等地。为了提高英语水平，他在巴勒学了两门课程：英语和圣经导论。洛克原打算在巴勒待上一段时间，但他的肺病在这时又恶化了。

他先后到了洛杉矶和地震之后一片废墟的旧金山。1907 年 10 月，他随身仅带有一枚金币和少量零钱就急匆匆地乘满洲里号赶往夏威夷的檀香山，当满洲里号驶入火奴鲁鲁的港口时，耀眼的阳光似乎令洛克忘记了忧愁和烦恼，他的生活从此翻开了新的一页。

落脚夏威夷

自离开维也纳以后，有五年时间洛克一直漂泊在欧洲和北美各地，疾病的困扰使他难以安定下来，死神一次次与他擦肩而过。初到夏威夷时，身高1.72米，皮肤白皙，戴着眼镜的他囊中羞涩，分文不名，也没有什么学历。漂泊的生活使他一方面见多识广，但由于过早的独立生活，个性变得十分顽强和自以为是。洛克为人和蔼可亲，谈吐幽默，笑声爽朗而富有感染力，经常有人围着听他讲各种离奇的探险故事。

有记忆天赋的洛克可以在漫无边际的旅行中博闻强

记，增广见识。他学会了多种语言，到达夏威夷时，洛克多多少少能够熟练地使用匈牙利语、法语、拉丁语、希腊语和汉语，此外，他还能讲一点阿拉伯语和认识一些梵文。他讲的英语口音纯正，没有半点德语口音，在他的后半生，他对讲英语的偏爱甚至超过了母语。他在语言方面的天赋有可能给常春藤教会学校留下深刻印象，但在重商不重文的夏威夷他一时也难以施展身手。

语言上的天才，使一贫如洗的他最终得以在米勒斯中学

植物标本手绘图

和中太平洋学院等三个学校得到教职，教授拉丁文和自然史，没有什么学历的洛克能混到这一步也实在不容易。中学时在维也纳打下的基础和所受的宗教训练使他的拉丁文有一定的水准，足以胜任拉丁文的教学，但在自然史方面，他不得不边教边学。自然史课程需要经常带学生到大自然中去，夏威夷奇异的气候和地貌类型孕育了其独特并丰富的动植物资源，他开始阅读很多有关植物学的书籍。这年夏季，由于肺病再次复发，为了使身体尽快康复，洛克决定找一份野外的工作。1908 年 9 月，洛克辞去了米勒斯中学的教职，凭着自己对植物学的浓厚兴趣和自信，被夏威夷森林与国土部门聘为植物采集员，为该部门采集夏威夷各地珍稀植物的种子与标本。

对没有文凭和专业训练的洛克来说，这份工作实在是来之不易，所以他工作起来格外勤勉，整天起早贪黑地在野外采集标本。为了观察植物的生长和习性，有时他干脆就在野外露宿观察和研究。此外，他还查阅大量有关的文献和著作。许多著名的植物学家开始时并没有专业训练的基础和背景，完全靠浓厚的兴趣和业余爱好步入植物学的殿堂。洛克走的同样是一条自学成才之路，他看不起那些靠标本和书本来从事研究的“安乐椅”上的植物学家。在为夏威夷森林与国土部门工作

的三年里，他着重于实地调查，并取得了一定的成就。1909 年，在阿拉斯加－育空－太平洋林产与植物博览会上，洛克就其新发现的一种植物发表了自己的第一篇论文，并赢得一枚金牌。

1911 年洛克辞去了植物采集的工作，轻而易举地得到了夏威夷学院的一个职位。夏威夷学院是今天夏威夷大学的前身，学院于 1907 年建成。当时的规模较小，洛克进校 4 年后全体教职工仅 12 人，所设课程着重于农业和工程学。生活和工作的相对稳定使洛克那颗惯于漂泊的心暂时平静下来，专注于植物学的教学和研究。1919 年洛克被提拔为植物分类学教授，这是他后来能寻求到各种经费的敲门砖。在 1911 年至 1921 年期间，他发表了 45 篇有关植物学的论文，其中 3 篇编著成书。洛克在短短的 12 年里所取得的成就，对一个普通人来说也许耗费毕生精力都难以实现。此外，他还为夏威夷引进了许多重要的经济作物和观赏植物，今天夏威夷大学优美校园里的许多花草树木都是洛克当年引进的。

洛克在夏威夷大学的故事有一段小插曲，最令人难堪的是洛克的学历问题，1914 年至 1916 年洛克在夏威夷大学任教时，学校曾出过一本介绍院系设置的书，洛克在履历表中填写过毕业于维也纳大学，但没有具体标

明取得什么学位。洛克从 18 岁起开始在欧洲各地流浪，根本没有机会接受高等教育，除了洛克的家人，一直到洛克去世，所有认识洛克的人都认为洛克毕业于维也纳大学。为了获得大学的教职，也为了在同事面前保持自己的脸面和尊严，洛克可能确实伪造过自己的学历，就洛克的个人能力和所做的杰出工作而言，从来没有人会怀疑洛克是否真的受过高等教育。所以后来洛克总是对自己早年的经历讳莫如深，与人总是保持一定的距离。

洛克自由的天性不会被一个地方束缚得太久，多年的流浪生活所养成的习性并不会因生活和工作的稳定而改变。只要有足够的钱和得到资助，他就会离开夏威夷到各地旅行。当第一次世界大战的硝烟在欧洲四处弥漫的时候，洛克正逍遥自在地在远东游山玩水。1916 年他得到夏威夷甘蔗种植协会的资助曾到过菲律宾、新加坡和爪哇，1917 年他还到过加利福尼亚做田野工作，1919 年他又重访泰国、马来亚和爪哇。1919 年年底，他因自己收藏的 28,000 件植物标本的归属问题与学校发生争执，从而萌生去意。1920 年 5 月 25 日，与学校闹翻的洛克一怒之下拂袖而去。

亚洲，我来了

在夏威夷从事植物学研究颇有起色、风生水起的洛克，还是不甘于就在这个小岛上悠闲地按部就班过上平稳的一生。到美洲大陆闯闯，还会有更大的空间。

植物学家要在美国本土找到一份工作并不容易，洛克到哈佛大学寻找工作，但那里已是僧多粥少，到纽约植物园也是人满为患，无法立足。好在天无绝人之路，洛克总算在首都华盛顿找到一份差使。农业部外国种子与植物引进办公室对引进进口大风子树的种子很感兴趣。大风子树是一种常绿乔木，叶革质，披针形，浆果球形，含种子30至40粒，原产于中南半岛和印度，种子榨出的油可以用来治疗麻风病、恶疮、疥癣等。这就需要有一个能识别大风子树的人到东南亚一带去寻找，洛克牢牢地把握住机会，幸运地得到了这份美差，于1920年秋出发到远东探寻大风子树种。

洛克到达的第一站是泰国的曼谷。带上美国农业部的证明和介绍信，洛克去拜访了曼谷的美国公使乔治·汉特。乔治对洛克十分友好，陪同洛克在曼谷和清迈游览观光了整整一个月，并向当地人打探什么地方有大风子树。12月2日，洛克离开清迈，带着一个老挝船工、一个厨师和一个仆人沿湄公河漂流而下。在单调烦闷的旅程中，洛克一边行船一边沿河岸采集植物标本。在澜亨洛克弃船上岸，带了几个脚夫从陆路到了缅甸的毛淡棉一带。好不容易终于在泰缅边境的卡克芮克山发现一棵大风子树，可惜这棵树并不结果。圣诞节前夕洛克回到了毛淡棉，与在那里的传教士一起过节。无望之中，一天他在毛淡棉与仰光之间一个村子的集市上，突然发现一个口嚼槟榔的妇人篮中有大风子果。他将所有的大风子果买下，但对大风子果来源于何处还是一无所知。经过几星期的追根溯源，几经周折洛克最后才在科牙陀找到了结满果实的大风子树。为了适应在美国各地不同条件下栽培大风子树的需要，洛克继续在缅甸其他地方寻找大风子树的种子。令他喜出望外的是，美国农业部付给他一大笔酬金，为《国家地理》杂志写的一篇大风子树的文章也得到了400美元稿酬，这在当时可是个大数目。第一次为杂志撰写文章就得到了该杂志的青睐，洛克不经意地又发现了条生财之道。

好运接踵而至，精明的洛克同时也把其他有价值的植物种子连同大风子树种一起寄回国内，赢得了美国农业部的好感和信赖，他们希望与洛克能继续合作，到中国西部寻找抗枯萎病的栗子树种。

口袋里有了钱，奢华的维也纳变得不再那么遥远。这时欧战已结束3年多，欧洲的局势已恢复平静。在离家20年后，洛克又回到了维也纳探亲，洛克的姐姐林娜此时已离了婚，拖拉着三个孩子艰难度日。衣锦还乡的洛克除了为侄儿们带来了一大堆礼物，还慷慨地特意为姐姐在维也纳的乡下买了一所房子。

在早年生活中，洛克很少记日记，所以很难追寻他的足迹，到他慢悠悠地转回曼谷时已是1921年11月底，这时他才开始着手准备出发到中国探险考察。

初到中国，初识丽江

位于中国西南部云南省的丽江，是一个纳西人聚集的地区，纳西族是一个分布于西藏东南部、四川西部和云南西北部的古老民族。从元代起纳西族接受了汉文化的教育，同时也保留了自己的文化，信奉自称为东巴的萨满教。最为引人注目的是纳西族独有的图画象形文字。

在长江第一湾以上的地区，与长江并行奔流着另外两条著名的大江——澜沧江和怒江，形成了壮观的“三江并流”奇观。横断山脉、连绵不断的高山形成三条巨

大的峡谷，三条大江从青藏高原一泻千里流进云南境内，三江并流400公里，最近处直线距离仅66公里，这种景象举世罕见。三江水流湍急，险滩众多，形成地貌奇观，聚居着藏族、纳西族、傈僳族、怒族等少数民族，民风民俗多姿多彩。

自鸦片战争以后，帝国主义列强用枪炮打开了中国的大门，其势力和影响也渐渐从沿海渗透到中国的边疆和内地。这些地区丰富的动植物资源引起了蜂拥而入的外国商人、官员、传教士的浓厚兴趣，贪婪与好奇促使他们把数以万计的农作物、药材、奇花异草和珍稀植物带回本国。1843年、1848年和1852年，在英国伦敦园艺协会和东印度公司的指派下，罗伯特·福琼到中国各地采集各种观赏植物和经济作物，把不同种类的茶种引入锡金和印度的阿萨姆邦，以打破中国在茶叶生产上的优势和垄断地位。1880年前后，法国植物学家P·达拉维仅在云南西北部就采集了20万件植物标本。苏格兰植物学家乔治·弗瑞斯特在清末至民国初年的28年间，在滇、川、藏边区为英国爱丁堡皇家植物园共采集植物标本10多万份，植物类达6,000多种，其中1,200多种为植物学上的新发现，他所掠夺的植物诸如杜鹃属植物、报春花、龙胆、百合、兰花等至今仍在欧美各国的花园里争奇斗艳。云南独特的地理与气候类型使其成为动植物的王国，在 19 世纪末和 20 世纪初也成为这些西方探险家和强盗的乐园。美国在抢掠方面远远落后于英法，不甘落后的美国地理学界开始积极策划和物色进入三江探险的合适人选，洛克成了不二之选，这与他前期为美国农业部的工作口碑甚佳有很大关系。

1922 年 2 月 11 日，洛克带着充裕的资金，作为美国农业部派出的植物采集人，经过近 3 个月的长途跋涉，从泰国出发沿湄公河经缅甸北部到达中国云南西双版纳的板达关，然后经普洱、景东、大理，到达滇西北的丽江。

此时的洛克已经 38 岁，与之一道同行的人有教会的两个医务人员、两个向导、6 个马夫和 15 匹马。在过去的云南，交通运输数千年来都沿用一种独特的方式，用成群结队的马或骡来运输，云南人称之为马帮。

洛克一行的行程相当缓慢，平均每天仅能走 20 英里左右，道路的崎岖自然给马帮的旅行带来许多不便，但其中一个重要原因则在于洛克本人。每天早晨，马帮早早起来，在雾气弥漫、蜿蜒曲折的山道上行进，洛克都要手拿指南针，骑着马走在队伍的前面。只要发现奇异的植物，马帮就要停下来帮他采集植物标本，这无疑让马帮的行进变得更加缓慢。另外一个原因是只要条件许可，洛克就要支起餐桌，铺上桌布和餐巾，好好享受一下厨师为他精心准备的奥地利大餐，这不仅让中国的随从苦不堪言，也让西方的同伴瞠目结舌。

洛克一行又走了整整 3 个月，终于在 5 月 9 日的夜晚于崇山峻岭间远远地看到了月光如泻、熠熠生辉的玉龙雪山。

环水泱泱，
石榴满枝，
稻田稻花香，
天高气爽好丽江。

——埃兹拉 · 庞德

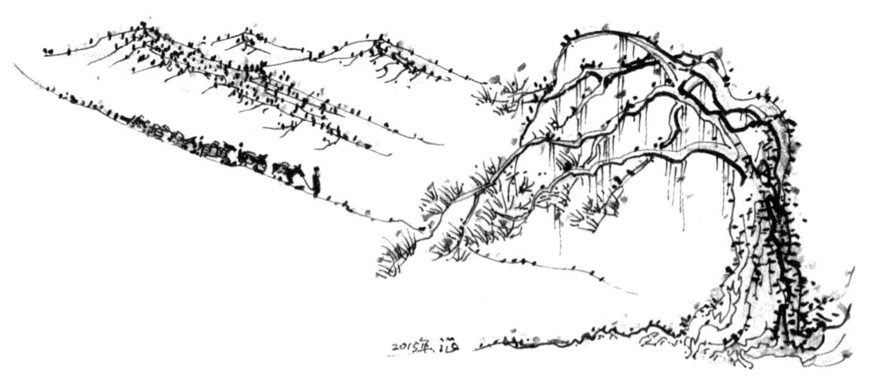

5月11日，疲惫不堪的洛克一行抵达丽江的大研镇。大研镇繁忙商旅所带来的嘈杂使他难以静下心来，于是他便移居到离城20多里的雪嵩村。后来，这个小村子成为美国国家地理学会云南探险队总部的所在地。这个雪山脚下宁静的山村有100多户人家，洛克租了一幢瓦房，并雇了几个纳西人做帮手。

这时在丽江还有一个名叫顿·沃德的英国植物学家，此人早在1913年就来到丽江采集植物标本，当洛克被人前呼后拥地来到丽江时，沃德正在野外考察。洛克大张旗鼓地进入丽江的消息一传入他的耳朵，他便焦虑不安，把洛克的到来视作抢地盘。更让他难以忍受的是洛克竟然雇用了他以前的几个纳西助手，这样他采集植物的地点、种类无疑将全被洛克轻而易举地掌握。他想把助手拉回来，无奈资金充裕的洛克出的价钱比他高，沃德不得不放弃丽江，把自己的考察和研究范围集中在印度的阿萨姆和缅甸北部。洛克在丽江还碰到了前来考察的苏格兰植物学家乔治·弗瑞斯特，此人曾多次来丽江大量抢掠植物资源，直至1932年去世为止。

在丽江的这段时间里，洛克每次去野外都是几个星期至一个月，单在夏天就去了三次玉龙雪山，同时训练纳西助手剥制动物标本和采集植物标本，还教一人学做

奥地利的大餐，到了 9 月他又带这几个人一道到腾越的舍威里山谷和缅甸去寻找抗病的栗子树，待回到丽江时已是 12 月。

短短几个月，洛克的任务已经接近完成，他报告美国农业部，丽江的植被是如此丰富，并打算再待一年继续考察，美国农业部同意了他的计划。美国《国家地理》杂志得知洛克正巧在云南考察，也同意为洛克在云南的探险活动提供必要的资金，并给了他一个颇有气派的头衔：美国国家地理学会云南探险队队长。国家地理学会这次的计划是让洛克沿着长江、澜沧江和怒江，穿越考察这一地区。学会向洛克免费提供了当时很昂贵的摄影器材和大量胶片，希望他能够大有所获，填补这一地区的照片空白。探险考察只不过是一个巧立的名目，实质上却是对旧中国动植物资源的一次野蛮的掠夺。毫无疑问，洛克是一个杰出的植物学家，以今天的是非标准来衡量，他在中国采集植物的同时，也扮演了一个名副其实的窃贼和强盗的角色。

这是洛克第一次到达中国，到达丽江，纳西族的古老文化引发了他的浓厚兴趣，从而使他从一个纯粹的植物学家和探险家逐渐转变为专门从事人文研究的专家。

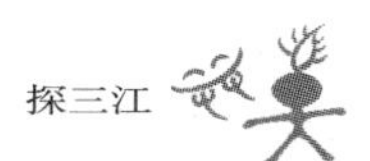

探三江

1923年10月，洛克率队，以丽江为基地，开始探察横断山脉的雪山和河流，特别是长江、澜沧江和怒江源头地区。

长江从四川省宜宾以上到青海省玉树县巴塘河口这一段被称为金沙江，全长2,308公里，在丽江这一段古称“丽水”“泸水”。金沙江从西藏南部流入云南后，大部分成了云南和四川的边界。三江并流从德钦羊拉峡谷至奔子栏一段，江的左边是云南德钦，右边是四川的德荣。70年前世人对长江上游的情形所知甚少，洛克这样记录道：“长江可通航的长度达1,500英里。从下游到重

庆可通大船，小船可达水富。在宜昌附近的长江三峡很久前历史上就有记载，因此也为旅游者所熟知。但是长江连绵 3,000 多英里，其上游不为人所知，出现在地图上的部分河段也只有用虚线标出。”

洛克一行 15 人的大队马帮于 1923 年秋末从丽江大本营出发。两天后马帮经过丽江的拉市坝子到达了长江第一湾的石鼓。从石鼓溯江而上，江水碧绿如茵，长达 100 公里的地段，江面宽阔，水流平缓，两岸青柳低垂，随风飘荡。石鼓是马帮进出三江流域的重要枢纽，也是历代兵家的必争之地。

长江第一湾头上的石鼓镇，坐落在临江的一座小山上。山后有一条小河，曲曲弯弯流入长江，小河两岸是层层梯田，稻穗飘香，一幅江南水乡的富饶景象图。就是今天，来到长江上游的这个小镇，你也会惊疑历史仿佛在这里凝结了：一条铁索桥，摇摇晃晃，把小河两岸连起来。铁索桥到镇上的入口处，一座精制的亭子内放着一面直径近两米的大石鼓，石鼓的地名即由此而来。

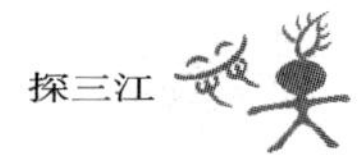

湍流江边的石鼓旁，

秘藏着两件传世之宝。

——埃兹拉 · 庞德

意念派新诗的鼻祖埃兹拉 · 庞德是意裔美国人，诗歌上有巨大成就。他在二战期间为墨索里尼歌功颂德被政府封杀，成为美国文学史上避不开的又不为大肆宣传的诗人。他从未到过中国，不知为何，他的作品中有很大部分是以中国为题材，甚至很多篇幅就是描写丽江的。这一定是洛克的游记激发了诗人的灵感。

在异国诗人的想象里，石鼓是一个美丽的谜。三国时代，大约在 220 年，诸葛亮率军渡过金沙江南征，传说他在长江第一湾立了一块石鼓。8 世纪时，唐朝李泌将军渡江讨伐大理，他所率领的 10 万大军没有在战斗中死去，却因水土不服全军覆灭，但石鼓在这段历史上却没有留下任何踪迹。1253 年，元朝忽必烈大军进入云南，攻灭了段氏的大理国，建立了以昆明为中心的云南行省。元跨革囊，其中有一路就是从石鼓一带挥师入滇的。当时元军与大理国军队激战于石鼓，尸横遍野，得到纳西人帮助的元军大胜。1277 年，当忽必烈的蒙古军队进攻缅甸时，纳西人与他们一道并肩作战。庞德曾用诗画般的语言描绘了这段故事：

如手掌般大的飘雪，
持续下了一天一夜。
雨雪交加，
寒风如箭，
大军逼进如闪电，
黑色旗子倒落地。
顽敌只顾落荒逃，
人头落地堆成丘。
血水飞溅似急雨，
盔甲和盾满江堤。
狐狸豺狼从此无踪迹。

——埃兹拉 · 庞德

云南当时的三大土司府为蒙化、元江、丽江。纳西土司木天王的地盘相当于今天的丽江、迪庆州、怒江州及西藏，四川南部的盐井、盐源、木里等地。1382 年明朝皇帝派 30 万大军讨伐云南，丽江土司阿甲阿得率众归顺，被皇帝赐姓木。从此以后，历代土司都采取比

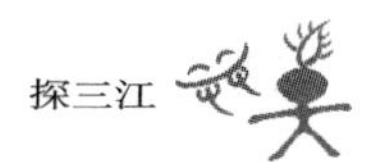

较开明的政策，大量吸收汉文化，经济得到了较快的发展，文化上达到了盛世。明代大游侠徐霞客1639年到达丽江，这位旅行家受到了丽江木氏土司的热情款待，丽江当时一派莺歌燕舞的太平景象。木土司安排了盛大的宴会欢迎徐霞客，宴会规模之大，菜肴之精美，让广闻博见的徐霞客大开眼界。木天王拥有数不胜数的金银财宝，他的归宿几个世纪来一直是个谜。

举世闻名的长征，给长江第一湾的石鼓又增添了不少传说和故事。1935年，红二方面军突破蒋介石军队重重围剿到达丽江后，从石鼓到巨甸的五个渡口，纳西船工昼夜不停地用7艘小木船，帮红军奇迹般地渡过了长江。古老石鼓镇旁的小山上，现在又耸立着一座红军长征的纪念碑。

石鼓顺江而下不远便到了举世闻名的虎跳峡，长江在流入哈巴雪山与玉龙雪山相对峙的大峡谷后，一改温柔平缓之态，水流湍急。江面最狭窄处仅30余米，两岸悬崖飞瀑，在峡谷中形成18处险滩。在称之为上虎跳的峡谷入口处，江心有一金字塔形的巨石，当地人称为虎跳石，传说中老虎可经江中巨石一跃过江。

虎跳峡峡谷深达3,000米以上，沿江两岸只有中甸一侧从陡峭绝壁上开凿的一条古老驿路。在一个名为核桃园的地方，洛克发现了 14 户从四川迁来的汉族人家，他们过着与世隔绝的生活。在这个贫困的山村里，赤条条一丝不挂的儿童们无忧无虑地在江边嬉戏，给清贫的生活带来一点乐趣和希望。洛克推测，他们的祖先是为了躲避官府或强人的追杀才隐居于此，在险峻的山谷里虽然贫困不堪，却没有人为的战乱，不用提心吊胆地生活。洛克发现，“道路虽然艰险，但这儿优美的风景难以用语言表述”。他动情地写道：“悬崖上长着栎树，高挂在无底的深渊之上，从树枝间透过蓝色的薄雾，隐约可以望见江对面的悬崖。照相机的镜头无法把江和峡谷最高处的悬崖摄进同一个画面。”

在虎跳峡绝壁上的古驿道行走，不但人为之心惊，骡马也为之胆寒。洛克一行到达虎跳峡中部后，狭窄的小路使马帮不能前行，三尺宽的道路，就是行人也须倍加小心。马帮卸下设备和行李，整整雇了 30 个挑夫，才算把东西运到虎跳峡的尾部大具。

虎跳峡的下游，是与中甸和四川商贸往来的必经之路。20 年代到 40 年代，洛克多次考察了这段河流，也渡过长江到哈巴、白地和中甸。虎跳峡的下游在冬天仍然温暖如春。

革囊渡江是黄河上游几千年的习俗，那儿的人把整

个羊的内部掏去，留下完整的皮囊，在羊皮的脖颈上留下一个口往里吹气，使之成为一个漂浮物，用它绑在身上渡江或把几个革囊绑在几根棍子上做成一个羊皮筏载物渡江。洛克长江探险的时代，在虎跳峡下游纳西族的一个分支日西人中保留了这种古老的习俗。洛克曾这样描述这些勇敢和水性娴熟的日西人："他们在身上绑上一个或两个羊皮，吹胀后跃入江中，任凭水流冲下，冒着急湍的江水，一直漂到他们的村庄。他们宁愿冒这样的风险过江，也不愿走那漫长的岩石山路回家。"历史上著名的"元跨革囊"，其中有一路元军就是在虎跳峡下游的奉科一带，用革囊渡江去征战古南诏国。

千百年来，"万里长江上没有一座桥梁"的论断，几乎成了众口之词。事实上，史书记载，早在隋朝，一位名叫史万岁的将军就在石鼓上游的塔城附近建了一座铁索桥。唐朝时设置了行政机构南诏铁桥节度，铁桥成了古代云南与西藏经济和文化交流的重要纽带。有一段时期，南诏国与唐朝结盟抵御进犯的吐蕃王朝，"南诏异牟寻军用东西两城，斩断铁桥"，大胜吐蕃。经历了战乱纷争的几个朝代，到明朝，铁索桥已荡然无存，但在塔城，"穴石锢铁"遗址仍然保留下来，应当说这是长江上最早的桥梁。洛克在西方首次提到了梓里金龙铁索桥是

长江的第一座铁索桥。

《光绪丽江府志》上有这样的记载:“金龙桥在城东八十里古井里渡，光绪五年（1879）郡绅总兵蒋宗汉创建。用铁索十六条悬系两岸，宽八尺五寸，长二十六丈，上铺木板，旁护长栏，两头覆以瓦屋。”100多年前修的这条铁索桥，成了“滇蜀交通之孔道”，金龙桥不幸于清朝末年被雷电击断了14根铁链，洛克到江边时，能看到的仅是两条遗存的铁链，他还是得靠革囊渡江。1929年，龙云部下卢汉在同原云南军阀胡若愚的战争中，在演绎了南诏和吐蕃兵对抗的故技之后，铁索桥再次被斩断，只留下一根孤零零的铁链。到了1936年，丽江的两位绅士出资，经过了两年的时间建造，这座古老的铁索桥才又飞跨在长江两岸。

梓里金龙铁索桥　洛克 摄

澜沧江谜团

如果说长江是中华民族赖以生存和独有的一条大江的话，澜沧江则是一条多姿多彩的国际河流。多年前洛克就在泰国和老挝的下游湄公河上漂流过，他对湄公河并不陌生，甚至有点说不出的亲切。

澜沧江流经中国、缅甸、老挝、泰国、柬埔寨和越南六国，全长4,880公里，跨越寒带、温带和热带气候区，流域资源丰富。按河长排序为世界第六大河、东南亚第一大河。河的下游是东南亚文明的发源地，早在前120年以前，作为流域各国的文化走廊和天然通道，澜

沧江就是我国西南地区与流域内各国往来的重要桥梁和纽带。

上游的澜沧江完全变了一番模样，它穿行于横断山脉间，高山深谷，水流湍急，并多石滩。大峡谷底部的江流经常笼罩在云烟雾海中。

从维西进入澜沧江峡谷后，沿途的所见令洛克迷惑不解：当地人所种的最重要的粮食作物竟是美洲印第安人的玉米！洛克惊呼："是不是在美洲大陆被发现之前亚洲人就知道了玉米？由于玉米的来源没有任何书面的记载，这个令人迷惑的问题仍是一个谜团。"

仙人掌也引起了洛克的注意："这段干热的河谷，两岸长着一种仙人掌。这种属科的仙人掌来源于美洲，但现在广布于云南。

"沿着澜沧江的深沟，可见到许多 500 年前由一个丽江的纳西王建造的土筑的瞭望塔，这些村子让我想起了美国西南的印第安人。当地人在平平的屋顶上晒干黄色的印地安玉米，用大圆木刻成一道一道的槽当楼梯。"

位于澜沧江一条支流永春河畔的维西，只有 3 条一眼可望到头的小街和 9 条小巷，虽然有一座城墙，也使维西人感到自豪。维西是个小地方，民国元年才设县。1933 年到 1936 年，我那生了 10 个女儿都生不出一个儿

子的外祖父和清远，从日本留学回来后就在中甸县和维西县当县长。维西海拔较低，世界上的植物活化石珙桐在维西附近随处可见。维西也是滇金丝猴的乐园，从它在 1915 年被英国人发现之后，据说已经绝迹，但后来发现在澜沧江上游的维西和德钦大山深处还有滇金丝猴。这种稀有的灵长类动物现在名声远扬，1999 年中国昆明的世界园艺博览会就把它作为吉祥物。

洛克似乎进入了世外桃源，心情好得很："空气清新，阳光明媚；鸟儿在歌唱，所有的一切都尽情地享受着生命的快乐。"自然的风光和奇奇怪怪的所见所闻，使他大开眼界。"在这个海拔的高度，晚间的空气沁人肺腑。雨已停，天空晴朗。星光灿烂的天空使我忘怀了一路上的艰辛。"

在维西，洛克将一路收集的标本经整理后寄往美国。虽然只有一个邮政员的维西邮政所连海外邮资都算不清楚，而且这么多的包裹和邮件把所有邮票用完了还不够，洛克只好付了路费给邮政员，请他用这种"特快专递"的方式送到丽江。最后这些包裹、信件居然都完好无损地到达了美国华盛顿，这在 20 世纪 20 年代不能不说是个奇迹。

维西山下的叶枝还是土司在统治，其强大的势力远达独龙江的独龙族地区。澜沧江地域虽然也有纳西族，但风俗习惯与丽江城大不相同，这里是藏族、傈僳族等民族的结合部，民族之间的交融，产生着奇异的现象。虽然土司是纳西族，但是却靠喇嘛教的势力来维持其统治。历史上，土司是从丽江的木姓而来，在康普、叶枝一带做千总，千总为了区别于木姓，在木字上加了一撇为禾。洛克在路过叶枝住在这家时，土司已经不姓禾，而是姓王，因为家族中没有儿子，招了姓王的女婿上门，后代也就改姓了王。洛克把他称为“最后的纳西王”。因为只有这位土司还有些实际的权利，而丽江的木氏土司1723年改土归流后一年不如一年，早已没有什么影响力。

云南那时所食用的是岩盐，盐中不含碘，所以在山区中大脖子病流行。洛克路过维西附近时，看见一个村的人都是面目狰狞，他吓了一跳：“在嘎嘎塘这个地方看到的场面太奇怪了！我从来没有在别处看到过甲状腺肿瘤（大脖子病）像这儿一样流行。人们的喉头吊着一个大大的肉袋子，就像袋鼠的育儿袋一样，一个半瞎的男人，吊着一个硕大的肉袋。”

后来，我几次到维西旅行，洛克所提到的澜沧江各村落的地名，居然一点没变，令人恍然若失。

宗教迷信也特别盛行，多宗教的信仰在这里得到了

体现。一个人死后，要请喇嘛念经，也要请纳西东巴跳神，有的村子人死后居然会把死人存放在庙中数年，原因是卜卦的先生说要根据死者的生辰八字和卒时，等天上的星星和月亮到了合适的位置才能下葬。纳西族原来也像藏族和其他山地民族一样，实行火葬，明朝后也学汉人一样用土葬了。洛克总是爱在村边的庙宇中留宿。但在这一带，几次他想在庙中留宿时，间间房屋内都是死人，“我不想与死人为伴，找到一间看上去不错的房屋，进去一看，里面也放着另一具尸体，棺材还在刷漆”。他只有到村中看上去最好的房屋去投宿。

澜沧江流域从叶枝、康普以上，所聚居的纳西人就不多了，傈僳族占多数，从燕门到德钦，则是以藏族为主。傈僳族主要生活在三江流域，人口现在有 50 多万，也是属于氐羌族群的后裔，藏缅语族的一支。在当地，澜沧江称作“兰津”。到 16 世纪，傈僳族人在头人“木必扒”的带领下，渡过澜沧江，翻越了碧落雪山到达怒江，在那时大部分傈僳仍过着狩猎和采集的原始生活。明朝杨慎的《南诏野史》中，对傈僳就有记载：“衣麻披毡，岩居穴处，利刀毒矢，刻不离身，登山捷若猿猱，以土和蜜充饥，得野兽即生食，尤善弩。”傈僳在古代多次大规模地迁徙，因而居住的区域很大，形成与其他民族杂居及小块聚居的现象，经济上较为落后。虽然在三江地带已开始农耕，但处于刀耕火种轮歇耕作的方式，要靠渔猎和采集才能补充粮食的不足。傈僳也受到周边势力强大的纳西、白族、汉族、彝族和藏族土司或领主的盘剥，并定期向强人纳贡。一些土司对无力纳贡的傈僳强掠为奴隶，为了保护自己，一些傈僳部落很强悍，经过傈僳部落，特别是南面的黑傈僳领地，路途是很危险的。一个探险的德国人布仑忽贝，1908 年带着两个黑人保镖和精良的武器，从缅甸才进入怒江，就因同傈僳族发生矛盾而被杀。洛克在这段路程，除了通过随从同他们搞好关系外，还通过当时在傈僳中已有影响的教会来通融。洛克写道：“傈僳，是一个云南西部野性的部落，定居在这附近。就像怒族一样，他们能熟练地使用弩，是机警的猎人。从小男孩就带着弓箭，最小的鸟类或硕大的黑熊亦或过路人，都会是他们的攻击目标，他们用的箭很大，箭尖涂着毒药。”

越往澜沧江的上游，喇嘛教的影响就越来越显著：大堆的玛尼堆，大大小小的喇嘛寺。澜沧江在本世纪初，正是喇嘛教和洋教两种宗教较量的战场。

很难想象，当时在云南，竟有 12,000 多天主教和基督教的传教士活动在崇山峻岭中。洛克对传教士很反

感，几次同传教士同行关系都很僵。但在中国西部这些荒毛野地，西方的同类除了传教士和偶尔进来的探险家，还会有什么人呢？澜沧江河谷和怒江河谷，由于贫穷和封闭，洋教居然大为盛行，开始与几个世纪来流行在这个地区的喇嘛教相鼎抗衡。

鸦片战争后的1878年，英国取得了在云南、西藏、四川、青海的活动权，也开始扩展到藏区的边沿地带，经过三次战争，南面的缅甸成了英国殖民地。强盛一时的英国不断从片马进占，蚕食中国的土地。越南则成为法属殖民地，法国在云南的势力也不示弱，从越南修建了滇越铁路通向昆明，云南在那时实际上已沦为法国的半殖民地。

马帮之旅并不轻松，洛克写道："晚饭之后，有许多工作要做。要详细地记日记，曝光的胶片版要包装好并在一个小的暗袋中换上新的胶片，采集的植物要贴上标签。当最后可以在营地的小行军床上舒展一下筋骨时，'非正式'的那些事又接踵而来。光着脚的赶马的男孩来报告说一只骡子不见了，另一个人被开水烫伤了，第三个人发烧或头疼。"在漫漫的长夜，洛克有时也无法入睡，他长久地凝视帐篷与马帮给养垛子围成的矮墙，以及山涧露出的月亮和乌黑的山影。帐篷外露宿着横七

竖八的壮实的卫士和随从，整夜燃烧的熊熊篝火照亮着黑暗的苍穹。

沿着澜沧江东岸走了 7 天到达茨中。洛克派出的纳西助手已经在澜沧江、长江和怒江的广大地区收集了许多种子。茨中教堂的欧福德神父事先也得到洛克助手的通知，知道了洛克到来的时间。

茨中教堂坐落在澜沧江边，中西建筑风格，规模庞大，占去了当时茨中村一半的地皮。教堂的大葡萄园栽着法国葡萄，在金秋时节果实累累，图书馆藏书丰富。能喝着教堂酿制的地道法国葡萄酒，在晚间听着传来的阵阵熟悉的莫扎特和肖邦的钢琴曲，洛克觉得在大山中居然能体味到欧洲的风情，真是不可思议。

在欧福德神父的倾力帮助下，洛克在附近村子雇到了 14 名脚夫，其中有纳西人、怒族人和藏族人。去怒江的旅行就这样开始了："我们在一个凉爽的清晨出发了。我们把马队留在后方，只留下了坐骑、行军床、粮食、厚衣服和毯子，以及所有必需的照相器材。"

险怒江

怒江，一称潞江，我国西南地区大河之一。源出青藏边境唐古拉山南麓，斜贯西藏自治区东部，入云南省后折向南，经怒江傈僳族自治州、保山地区和德宏傣族景颇族自治州出国境入缅甸，称萨尔温江。高黎贡山和碧罗山两大山脉形成的怒江大峡谷，长310公里，平均深度约2,000米，仅次于美国的科罗拉多大峡谷（全长348千米，深1,737.4米），为世界第二大峡谷。山高峡深，坡陡少平。有片马河、怒江、楚依大河等40条河流，分属伊洛瓦底江和怒江两大水系，气候随海拔的高

低变化而呈立体性特征。这个地区人迹罕至，从而保留下了许多珍贵稀有的动物和多品种的野生植物。

洛克到怒江的旅程花了 12 天。这条小路是澜沧江通向怒江的一条捷径，当时法国传教士雇用傈僳人修了 5 年才完成。小道一直沿溪谷一侧盘绕而上，随着水流渐渐升高，路上时有山溪或是大的瀑布跌落而下，人马经过时不可避免地会被浇一身凉水。粗木搭成的桥又湿又滑，挂着绿森森的青苔，有时还横陈着倒下的巨树，人马不得不钻过去。所有的树木都缠挂着厚厚的绿毛或蛇一样的藤蔓。马帮爬过碧落雪山的一个“垭口”，沿着希拉山口的一条小路可抵达怒江河谷。回头向来时的方向望去，洛克看到“宏伟的景象展现在眼前：远处的下方是奔腾的澜沧江；茨姑的溜索依稀可见；向东边望去，耸立着巨大的白马雪山山脉，此山把澜沧江和长江隔开”。到了澜沧江和怒江的分水岭，又是这样的美景：“当我们爬到山顶，松林立刻融入了落叶的野樱花、红枫、杜鹃林中，就像在画中一样。”

秀丽的风景就这样不断地变换着，这儿巧夺天工的植物群落奇观令他陶醉在大自然中，“我们处在了另一个世界中，四处是枞树林，粗大的树干，高度大于 150 英尺。大白杨树在枞树林中亭亭玉立，形成一个由高于地

面 90 英尺、可爱的树叶构成的天棚”。

洛克总算看到了这个地区特有的一种交通工具：溜索。澜沧江和怒江上游，江窄，急流滔滔，无舟可渡，两岸鸡犬之声相闻，要相遇则要走一天以上是很平常的事。据说溜索是怒江和独龙江峡谷的怒族和独龙族发明的，后传到了澜沧江峡谷。长江上则没有溜索，用的是铁索桥。自古以来当地人只有使用竹制的溜索，人和牲口要过河只有一条路，那就是过溜索。溜索有两种：一种叫“平溜”，一种叫“陡溜”。“平溜”只有一根溜索，

怒江溜索　和匠宇 摄（2004 年）

两端高度基本一样，无论从哪边滑，到了江心中间要攀爬到对岸。这种方法安全一些，但很费力。“陡溜”为两根溜索，一来一去，一高一低。坡度大，眨眼工夫就能溜到对岸，可带人带物过溜索。怒族随身都必带一种过溜索用的夹板。

成万的朝圣者，不管男女老少，都要克服巨大的恐惧，通过溜索到峡谷西面的太子雪山去转山。洛克用猎奇的手法拍摄的溜索过江，特别是牲畜过溜索的场面，让美国《国家地理》杂志的编辑们大开了眼界，虽然他们不太喜欢洛克略显生硬的文章，常大刀阔斧地减剪并加以润色，洛克每次回到美国都要和他们吵个面红耳赤。

竹制的溜索不耐腐，三四个月就要换一次。当时的云南，直到洛克三江之行后 20 多年的 40 年代，平均的收入是每天 15 美分。而换一条溜索要花 3 美金，是由村中村民共同支付的。

沿着陡峭的山麓下山，沿途的风景随着山势的降低变成了亚热带的雨林。这是洛克所见过的最好的雨林。“地毯似的苔藓植物覆盖着地面，黄色的、长胡子一样的青苔像彩带一样挂在巨大的树上。银色叶片的杜鹃树形成下层的丛林。”

生活在怒江沿岸的怒族是滇西北高原一个古老的民

族，到现在人口也才有2万多人。他们的语言属藏缅语系，但究竟属哪一个语支，国内的学者们至今也没能确定。怒族部落之间的方言差别极大，有的部落之间隔座山，语言上就难以交流。生活在怒江地带的怒族非常贫穷，他们有自己的传统文化和生活习俗。低下的生产方式使得这个地区长久以来还处于以物易物的交换方式，虽然无盐，无马骡，民风却极为淳朴，从没有盗窃的现象，路不拾遗。到明朝在《百夷传》才第一次有了怒人的记载，到清朝乾隆的《丽江府志略》较为详细地描述了怒族："怒人，居怒江边，与澜沧江相近，男女十岁后，皆面刺龙凤花纹……男子发用绳束，高七八寸；妇女结麻布于腰。采黄连为生，茹毛饮血。其最远者名曰怒子，语言不通。"最受纳西人欢迎的，是由怒族生产的竹器和麻制品，加上作为贡品的黄连，是怒族唯一能与外界以物易物换盐和生产工具的产品。洛克携带的现金让他第一次感到金钱的无用。"这个地区的人只愿意用茶和盐做交换品而不是现金。钱没有实际的价值，因为城镇距离遥远，也没有什么东西可买。"

意象派诗的鼻祖，写过"巴黎地铁"的庞德看过洛克的照片和文字后，从没到过中国的他实在忍不住，又来了一首：

蒙蒙细雨，
漂荡于河流，
冰冷的云层闪烁着火光。
黎明的霞光中大雨倾泻，
木楞房顶下灯笼摇晃。

——埃兹拉 · 庞德

庞德的诗很有一种美的意境，而现实的生活是残酷的。怒族的生存条件很差，木头搭成的小房，房的中间是火塘，火塘和屋顶之间还悬着竹架子，以便烘干搁着的木柴等杂物。为了保留火种，一年四季火塘的火都不会熄灭。怒族采用刀耕火种的原始方式进行农业生产，到哪儿就放把野火烧倒一片树林，在灰烟中撒些玉米豆类就不再管，9 月的收获就只用掰苞谷回家就行。逐年轮着烧荒虽然毁坏了不少森林，但那里地广人稀，对生态系统无太大的影响。洛克发现这里还有买新娘的习俗，江边的怒族村子经常大宴宾客，一个村子都为一家人买到了一个新娘而兴奋无比。怒族人的性格豪爽，酒量惊人，洛克注意到“他们生活的主食只有玉米。他们也用它来酿酒，喝酒很多”。

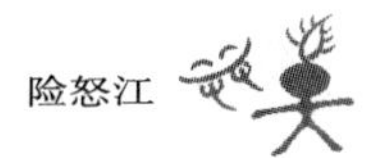

基督教在这里站住了脚。极度的贫困使这儿的怒族只能把对幸福的向往寄托在精神上。怒江边上的白汉洛小村，也经历了基督教和喇嘛教的冲突。洛克描述了当时那儿的情形："白汉洛有 18 座小茅屋，绕着一座小山而建。山顶是教堂和教会所在地。教堂曾两次被菖蒲桶的藏族喇嘛烧毁。"

简内思特神甫来自法国，1885 年就到了中国。这一带的教堂都属于他的管辖范围，为了便于传教，他还取了个中文名任安收。1901 年，丧权辱国的《辛丑条约》在北京签订，明文规定西方教会在中国有传教权，清政府有义务保护在华的传教士。任安收原在康定传教，后受教区指派，来到德钦、茨中等地传教，1895 年他到怒江白汉洛修建了一座宏伟的教堂。

洛克没见过任安收，却在白汉洛的教堂遇到了一个年轻的法国传教士安德瑞神甫。洛克对西方世界的看法和愤世嫉俗的观点与这位年轻人有共鸣之处，两人一见如故。貌似冷漠的洛克在离别白汉洛时动了情感，他写道："从 11 月到次年 5 月，道路积雪不通，他完全与外部的世界隔绝。这段时间他也收不到信。从此地向北走两天就是禁地——西藏。向南走两天是危险的黑傈僳领地。我们受到了盛情款待，他无私地把他菜园中的蔬菜和储存的食物拿出来与我们分享。很难开口同他说再见，他留下来面临的是与来临的冬天搏斗。”

怒江的支流在有些地方很平缓，怒族把大圆木掏空，做成一种称“猪槽船”的独木舟来渡河。在多雍龙巴河，既有一条溜索，也有渡口可用，在夏天河水湍急时，溜索是更安全的过河工具。洛克还是害怕过溜索，情愿随喝得醉醺醺的怒族船夫们坐独木舟过河，到了现名贡山县的菖蒲桶。菖蒲桶那时很小。

洛克向目的地怒江和澜沧江的分水岭高黎贡山进发。高黎贡山垭口上的冰雪 5 至 10 月才会融化，“眼前可见怒江——伊洛瓦底江最高峰分水岭巨大的冰川地带，但此处的景色却是真正的热带景象，与澜沧江沿途所见的完全是另一个不同的世界，老鹰飞过去的距离仅仅几英里”。沿着险峻的山路往山上爬，慢慢地不再见到江边的阔叶林，密密的针叶林和高山苔原展现在洛克的眼前。放眼望去，海拔 3,848 米的高黎贡山垭口就在前方山梁上，山梁上的圆石头路上多有山溪伴随，像是银色的披肩发散开着垂下。白云缭绕的蓝色山脉之下就是独龙江了。云雾散尽的时候，洛克在山顶看着深谷中的独龙江，江水碧绿，像一根绿玉的项链镶在东西两列大山形成的峡谷底下。茂密的山林小道中，洛克饱览了高黎

 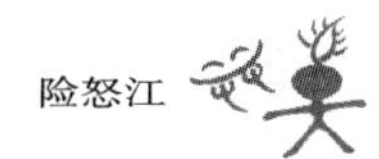

贡山的秋色，他写道：“秋色难敌，枫树呈金黄色，其他的是深红色，而白桦光滑的树皮呈古铜色，巨大的树干卷成一团，在早晨的阳光下闪闪发光。所有的树叶变成了半透明的，与阴暗的杉林形成鲜明的对比。”

怒江之行使洛克在植物的采集上大有所获，秋天正是果实成熟的季节，经济作物的果实和观赏植物的种子价值很高，寄到西方后还可以繁殖。洛克也详细地披露了西方最热衷的云南杜鹃花在独龙江和怒江的分布情况：“仅在这个区域，就可以采集100多种植物种类。我们的右边，是白雪皑皑的，高度大约是16,000英尺，金字塔尖形的山峰，左边是灰色石灰石形成的圆形屏障，上面有许多小山峰。”

虽然到了高黎贡山，洛克看到了远处蜿蜒在深谷中的独龙江，大雪封山的季节马上就要来临，他还有几座雪山要翻过。洛克只有叹息道：“那个地区仍然未被探察过，是植物学家、地理学家的处女地。”随行的保镖讲给他听的独龙人对付毒蛇的招式，更是令洛克毛骨悚然：独龙人万一被毒蛇咬了，就抽刀拦腰砍断毒蛇，把砍断的血淋淋的蛇尾部分的断口按在伤口上，据说这样蛇尾会自动吸回人体内的毒汁。

当时居住在中国的独龙族有2,000多人（2010年统

计为 7,000 人），大部分独龙族居住在独龙江下游的缅甸。古时和解放前独龙族一直被称为俅人。独龙族实行多妻制，认为几个姐妹嫁给一个丈夫，可以和睦相处，亲上加亲，财产和劳动力不会流失。过去独龙族对外界仍然是谜，洛克只有道听途说得来一点点信息："跨过分水岭，就是俅子的故乡，一个原始的、不伤害人的丛林居民，汉人告知我们，这个民族像猴子一样生活在树上。"洛克在山上遇到了一个独龙人，高兴地给他拍了照。这张照片在西方很有影响，是第一张外界知晓的独龙人的照片。

洛克在从怒江的回程路上，又经过另一条路，跨过了多克山口，到了德钦地段的澜沧江。澜沧江峡谷在这一段更是显现出它野性的一面，洛克这样写道："通过一个狭缝，我们最终再次到达澜沧江峡谷，河就在下面的远处。我们现在进入一个更深更可怕的峡谷，绝对人烟荒无，河流穿过峡谷绕了一个大弯，像是有些痛苦地，

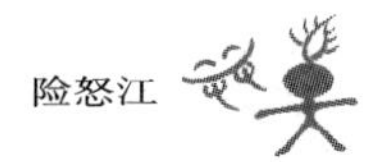

就像一条蛇，要从一个窄窝里舒展自己的身体一样。”

从地域的分布上来看，中国少数民族主要聚居在中国西北到西南一条一条狭长的地带，人类学家把这条地带称为民族走廊，中国的少数民族在这条走廊上就占了一大半。民族走廊大体上是甘肃、青海、四川西部、西藏东部到云南，延伸到了缅甸北部、印度东北部，民族大部分是汉藏语系藏缅语族，属古代氐羌族，纳西人则是古羌人中的“白狼人”。洛克在中国西部的探险，恰好就在这条走廊上。居住在岷江、大渡河、雅砻江、金沙江、澜沧江、怒江峡谷中的少数民族特别密集，文化上相互的影响也很大。但西方和中国内地对这些所谓的蛮夷之地所知甚少，中国古代文献对这些少数民族的记载也是轻描淡写，不甚详尽。以至到现在，民族走廊上各民族的族源众说纷纭，传说居多，有力的证据偏少，更谈不上考证各民族语言的内在关系、体质人类学等人类学问题。洛克在20年代对人文地理风情的记实性文字，对现在民族学的研究，特别是许多已消失的文化宗教现象，有的成了经典史料。这是在三江探险中，洛克对民族文化做出的另一个重要的贡献。

孤独行者

孤独的洛克从来没有爱过一个女人。如同那喀索斯一样，洛克也不让别人进入自己的生活，爱情这种情感对洛克来说是抽象的和形而上的，是神秘的和不可知的。洛克一生没有结过婚，也从没有提到过要结婚，更没有谁知道他与女人曾有过亲密的关系。单身汉的好处是可以我行我素，逍遥自在，无牵无挂。最令人难以理解的是洛克不但独身，而且还禁欲。在西方人的观念中，独身不一定要禁欲，洛克非同寻常的性生活或者缺乏性生活，在与他熟识的人中间曾引起很多传闻和猜

测，有的人甚至凭空猜测他有同性恋倾向。但所有这些推测像捕风捉影一样都没有任何的真凭实据，自恋使洛克生活在自己编织的套子中，对生活极度严谨的他禁欲已经到了令人难以置信的地步。与洛克交往的异性大多是女传教士、朋友的妻子，能像母亲和姐妹一样对待他。洛克从不去主动讨好异性，对女性的态度充满疑惑，尽管他生理上没有什么问题，也有许多女士对他颇有好感，但洛克还是对女性敬而远之。

据丽江白沙乡纳西老人的回忆，洛克这个人的脾气不算太坏，可是他却见不得女人，如果有妇人走近，他会咧咧嘴让她们走开。此外，他还讨厌听到邻居的狗吠和鸡鸣，一旦听到就会破口大骂，但人们也能理解他的工作需要安静。年老之后，洛克对家的渴望与日俱增，但这时他已经不可能来组建一个家庭，他的生活方式和个性不允许他这样。没有妻儿的生活有时候使他感到很困扰，并尽量在想象中美化他在维也纳的家庭生活，忘记童年时代家庭的不幸和争吵。他一直对姐姐林娜心存感激之情，在经济上慷慨地接济她，他甚至想过由一个继承人来继承他的一切，并打算选择姐姐三个儿子中的一个过继给他。1933 年，洛克选择了最年幼的罗伯特·科克，打算带罗伯特到云南协助他的工作，并约好

在威尼斯见面。乳臭未干的罗伯特当时才 19 岁，还从没有出过国，他已 12 年没有见过舅舅，只隐隐约约记得舅舅给自己买过的礼物。初到威尼斯，人生地不熟的他既听不懂意大利语，又难以适应大酒店的豪华氛围，洛克独裁专断的态度让腼腆羞怯的他无所适从，舅舅既慷慨又吝啬的做法让他摸不着头脑。而希望看到自己年轻时影子的洛克对罗伯特则彻底失望，于是改变主意决定不让罗伯特去中国。

此后由于生活动荡不安，他不得不四海为家，将自己的一生陷入完美的孤独。

洛克在中国西部的探险活动中，曾为美国《国家地理》杂志写过多篇文章，其中一篇名为“一个孤独的探险家的经历”，描述了沿途所经历的艰难险阻。有时有多达几百人的武装护卫，被人前呼后拥的他为什么要用“孤独”二字呢？这让人觉得他多多少少有点孤芳自赏的味道。

洛克的这种孤芳自赏不但是一种生活态度，而且还是一种生活方式。洛克自幼就无视生活对他的种种制约，在等级制度森严的维也纳，出生贫贱的他永无出头之日，于是他选择了流浪，最后在美国出人头地。自我奋斗的成功经历让他感到无比自豪，所以他特别喜欢狄

更斯的小说《大卫·科波菲尔》，在长期的探险中，他一直随身带着这本书。工业文明让他感到窒息，于是他又摆脱了西方文明世界的束缚，来到东方的蛮荒之地。在感到无比自由的同时，他也感到了一种旷世的孤独。30年代中期，他经常在日记中写道："今天我感到了一种说不出的孤独。"在阅读尼采的诗句时他感到了"于我心有戚戚焉"，他常常自比尼采笔下的查拉图斯特拉，无论是在甘肃的喇嘛寺、长江的大峡谷、风景如画的丽江或是昆明舒适的住宅，洛克都是一个完美的孤独者，用极端的方式把自己封闭起来。所以在中国人的眼中，植物学家和探险家洛克身上总是笼罩着一层神秘的色彩。而在西方的同类眼中，洛克是一个个性充满矛盾的怪才。他的探险故事受到世界各地许多读者的欢迎和喜爱，有很多人曾给他写信，为他的健康担忧，敬仰他的天才和工作。他们不但对洛克奉如上宾，而且还爱屋及乌地善待洛克的纳西同伴。

洛克虽然性格孤僻，但却非常擅长也热衷于社交活动。美国人在华的社交圈中，如昆明的美国领事馆，洛克通常都是座上客，在剑桥的学院、麻省理工学院或者夏威夷火奴鲁鲁的露天宴会，洛克常常成为人们议论的中心，主人也喜欢邀请幽默风趣的洛克来活跃气氛。洛

克给人的第一印象是个和颜悦色的人，埃德加·斯诺在一篇文章中曾经描述洛克初次给人的印象：“他来亚洲已经有好多年了，遇到过不少奇特而有趣的人。他装满了一肚子奇闻逸事，为人和蔼可亲，富于卓越的幽默感。因为他对这个国家了解很深，与他交谈觉得很有教益，没有压力，而是使人感受到交流思想的愉快，在他身上找不到那种为人类社会所抛弃的人常有的臭架子。”

从西方到东方，从孤独走向孤独，洛克在孤独中找到了一个古老的王国，在彩云之南他最终找到了自己的家：一个孤独者的家。

> 呵，孤独！
> 你是我的家，
> 孤独呵！
> 你的声音多么温柔甜蜜地向我倾谈！
>
> ——《查拉图斯特拉如是说》

在高山之巅，洛克找到了自己的世界，自然万物成了他心中的上帝。悠悠白云，皑皑雪山，在拍摄的每一张照片里，洛克都在诉说心中的感受，孤独而又甜蜜。

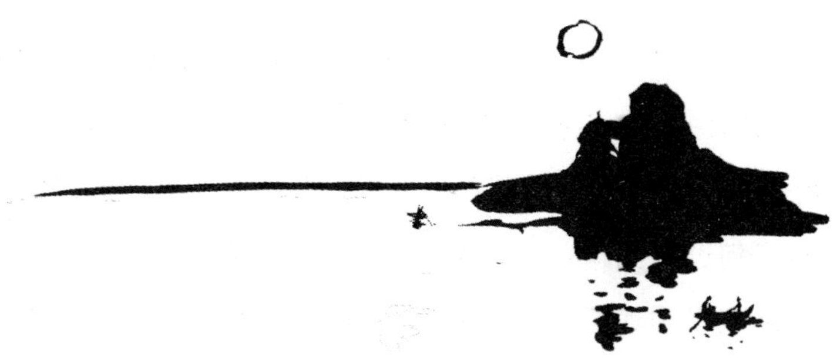

在水一方泸沽湖

几百万年以前，横断山脉地壳的运动使金沙江畔一个群山环抱的高原盆地中央裂开下陷而集水成一个很深的湖，湖的形状如曲形葫芦，故名泸沽湖，摩梭语称“黑纳米”，意为“母海”，即“母亲的湖”。

在洛克为《国家地理》杂志撰写的在四川境内的三篇游记《黄喇嘛之地木里》《贡嘎岭——草莽英雄的圣山》《明雅贡嘎的荣耀》中，在文字上几乎没有着墨大雪山的风土人情，但却附录了8张泸沽湖的风景照，此外还有永宁土司总管阿云山一家的照片。几十年过去了，那

美丽小岛上的亭子仿佛还深深地印在人们的记忆中，映入湖中的狮山仍是那么明净和一尘不染，清澈美丽的泸沽湖仍然充满仙境般的诗情画意，美丽的摩梭姑娘荡一叶轻舟在白云和蓝天间，美妙的歌声流过清平如镜的湖面。到过泸沽湖的人一定和洛克有同样的感受，那里的美是难以用语言来描述的。我们也突然明白，为什么对洛克的文章一向有微词的《国家地理》杂志的编辑会一再使用这些文章和图片，虽然这些图片并不能完全真实地尽现泸沽湖缥缈清灵的境界。到过泸沽湖的人都可以用心体会到，这个青山环绕的高原湖泊弥漫着一种天生的音乐灵感。洛克在《中国西南的古纳西王国》一书中竟用了四分之一的篇幅来描绘永宁这个美丽的地方，可见他对泸沽湖的情有独钟。在崇山峻岭的横断山脉有这样一个方圆百里美丽的大湖本身就是一个奇迹，更奇妙的是几十年前有一个奇人就住在这个湖中的小岛上，这个人就是永宁土司总管阿云山，他与洛克的一段生死之交的故事更是令世人感动。

关于永宁土司的阿姓，有一个古老的传说：明朝的时候，永宁的土司到北京朝见永乐皇帝朱棣，永乐皇帝问永宁土司叫什么名字，这位土司听不懂汉话，于是说了一声“阿”，当地的话是“不知道”的意思，于是皇

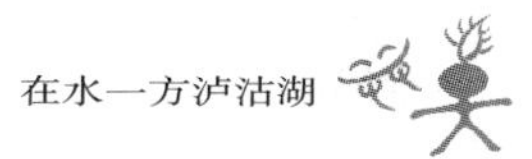

帝就赐永宁土司姓阿。我们今天难以考证这传说的真伪，至少有一点，说明永宁土司以自己的贵族血统而感到自豪，但是不是蒙古族血统仍有疑问，因为据《元史》的记载，元朝时建立永宁州，设置了土司制。永宁土司从明朝洪武十四年（1381）卜都各吉被封为州职时，摩梭祖先泥月乌已传到了第32世。洛克认为卜都各吉很可能是一个纳西名字，卜都在纳西语中意为编得很密、不漏水的篮子，或许是个氏族的名字。永乐四年（1406）永宁州被提升为府，到清朝光绪二十二年（1896）阿应瑞袭职共传22世，到民国最后一任土司阿明翰共传24世。由于不得与百姓通婚，这个百年孤独的

家族只能在蒗蕖、盐源、木里或永宁自己的阿氏土司家族中实行内婚制。

阿云山 1871 年出生于蒗蕖阿氏土司家族，少时家道衰落，曾在汉族卢团总家放猪。由于相貌出众，聪明伶俐，被永宁扎美寺主持阿品嘉俄莫送到扎美寺出家做喇嘛，并到拉萨吉朵扎仓寺学经 6 年。先担任扎美寺的“拉擦”一职，后因才干出众，家族里的人在迫不得已的情况下逼他还俗，担任永宁土司的大总管。1925 年，这位大总管移风易俗，不顾家族成员的反对和阻挠，从泸沽湖畔的摩梭下落水村里娶来了一位美丽的姑娘做主妇，此举当时在永宁的阿氏家族和平民摩梭人中不亚于一场七级地震。

在洛克的眼中，阿云山总管是一位天才的外交家，使势单力薄的永宁在弱肉强食的环境中始终立于不败之地。洛克初到永宁时曾对土司统治之下的土地赞不绝口:“与云南及中国其他动荡不安的地方相比，这是一块被统治得井井有条的地方。”令洛克感到惊奇的是，永宁虽然实行土司制度，却没有法庭和监狱，人们可以随心所欲地生活，这与酷刑厉法森严的木里形成鲜明对比。老百姓有了冤屈就去找阿云山总管解决，他在人们的心中不像是一位统治者，更像是一位德高望重的家长。

在阿云山担任大总管之初，他先是同盐源左所、前所的土司，还有木里土司八尔斯丕家族改善了关系；后又同凉山的黑彝补余拉惹千长等民族头人结成了朋友。与此同时阿云山还组成马帮，积极开展对外贸易，使永宁在很长一段时间内能在平和宁静的环境中发展求存。永宁文化传统形成了一种消极防御的策略，那就是“无为而治”。洛克注意到：“在许多村子里，他们故意不铺路和开店铺，因为害怕汉人一来就会霸占他们的土地。”洛克曾经问喇嘛寺的住持为什么不在永宁种水稻，因为这样可以养活更多的人，这位住持回答他说，他们能种出很好的稻米，但是这样的话，汉人一来就会抢走人们的土地。

李霖灿形容阿云山：“不识一字尽得风流。”不但他不识字，而且连他手下的官员也都不识字。这可能是一种误解，因为在永宁一直是使用藏文，不识汉字倒是确凿。洛克曾在日记里记载了这位喇嘛总管不识汉字引起的尴尬与不便：“有紧急的事发生后，贴有木炭和鸡毛的信就会由人昼夜兼程地送到岛上，交给总管后，由于没有人认识字，他得等到第二天早上天亮和风浪平息以后，划船到岸边，然后骑马到永宁，这时大半天已经过去，他还得找到能读信的人，然后再找会写字的人复信。”当时永宁隶属永北（今永胜），汉文公文的往来确是一件令人很头痛的事。阿云山的儿子阿少云在继任总管之职后，曾雇请了丽江的纳西人做汉文师爷。

1931 年，龙云下令在永宁种植鸦片，阿云山心中极度苦闷和无奈，他怕他的百姓染上毒瘾而在永宁禁种鸦片。他知道自己时日无多，故意使用拖延战术。永宁的土司制度在风雨飘摇的乱世中走向衰亡，尼落浦小岛是他苦心经营的避难所和精神寄托，在他生命的最后几年里，他很少离开这个小岛。1933 年夏，在他弥留之际，他叫人把他抬到玻璃窗前，把他深深眷恋的湖光山色浏览一遍，当着夫人的面，让人把他的私印投入湛蓝的湖水深处，然后含笑而逝，终年 62 岁。

洛克写道：“泸沽湖是整个云南最漂亮的一片水，无法想象比这更美的风景，湖水清得如水晶一样深蓝。在有森林的小山脚下、树荫之下，水由深蓝变成紫色。湖周围的山上长满茂密的森林，山边有深渊凹陷下，渊里的小溪流入湖里，笼罩这里面的静谧与安宁的确奇妙；小岛像船只一样浮在平静的海上。”

泸沽湖山中有湖，湖中有山，湖的北面曾属于木里土司，东面属于左所土司，南面属于永宁土司。在水一方的尼落浦岛位于泸沽湖的正中央，是泸沽湖中众多美丽岛屿中的一个。这是一个狭长形的小岛，岛上林木苍翠。尼落浦（摩梭语为黑瓦俄）又叫永宁水堡，为了防止贼人来袭，沿岛的水边修起了寨墙和碉堡，除了几条水道，在岛的四周把削尖的大树放沉在水中并布上鹿角，是一个天然的水中城堡。在洛克留下的照片中我们可以看到水堡当年的模样。在兵荒马乱的岁月里，附近土司家族都把他们的金银珠宝存放在这个水中城堡里，使其成为一个名副其实的"金银岛"。

这个小岛红色的盖瓦围墙连有 14 个碉楼，说明了泸沽湖在历史上的战略地位，湖中 7 个小岛中有不少岛屿至今仍有木天王的碉堡残迹。1916 年在岛上修建房子时曾挖出许多雕刻着狮子花纹的石基，阿云山曾把它用来当作格姆女神神龛前的香炉座。岛上的别墅 1931 年又重新装饰过。岛上的最高处的一幢房子就是由洛克设计的，这幢房子有一个能容百人的大客厅，客厅三面是落地的大玻璃窗，所用的玻璃当时用骡马从昆明千里迢迢地运来，从这个独具一格的大客厅旁的阳台可以饱览泸沽湖秀丽的景色。

洛克一生曾多次到过泸沽湖，与这个美丽的小岛结下了不解之缘。第一次是在 1924 年 1 月，洛克从丽江出发初访木里，往返时都经过了永宁。虽是来去匆匆，

但四面青山环绕、碧波荡漾的泸沽湖和热情好客的主人给他留下了深刻印象。洛克经永宁到木里，两次探访贡噶岭又经永宁原路返回丽江，尽览泸沽湖春秋两季的美景。1929 年洛克在永宁度过了一个漫长的冬天，静静地躲藏在泸沽湖上这个名叫“尼落浦”的小岛专心写作，写贡噶岭的雪山和草莽英雄，与此同时洛克也想在这个如篷莱仙岛的地方研究当地奇异的民风民俗。这个冬天在“尼落浦”岛尾的亭子里，洛克在研究纳西族方面取得了很大进展。次年，从缅甸八莫来的美国罗斯福探险队途经永宁到四川寻找大熊猫，洛克给予了他们很多帮助。

1929 年 3 月，洛克经永宁到木里，探访远在打箭炉（康定）的贡嘎山，7 月回到木里的枯鲁，8 月到达永宁。这时发生了一件意外的事情，据说是因为在这一年，贡噶岭一带下了大量的冰雹，把藏民种的青稞全给毁了，贡噶岭的强人们认为是洛克从逆行环山，冒犯了山神所致，于是想追杀洛克。好在阿云山总管悄悄把洛克从永宁接到泸沽湖上的小岛——尼落浦暂避。贡噶岭的强人当时给洛克写了一封恐吓信，宣称他们有 2,000 人已经进入永宁境内，洛克情急之下不敢久留。由于当时滇、川的军阀在交战，奉科的渡口无船可渡，10 月 13 日由阿云山召集了江边最擅长游泳的 22 个纳西人，在整整两

罗桑益史　洛克 摄（1932年）

天时间里，不分昼夜地用150只羊皮筏把洛克一行及行李和马匹安然渡过水流急湍的金沙江。

1929年6月，老总管的夫人生下了一个儿子，他就是罗桑益史。1932年秋，当洛克再次来到泸沽湖时，从西藏的哲蚌寺来了一伙僧人，他们来寻找于1929年圆寂的活佛甘丹赤珠第4世的传世灵童。他们曾在拉萨东部一个湖中请护法神看显影，看到4世活佛的转世灵童生于西藏东南四面环水、风光秀丽的小岛上，湖畔有许多古老的村庄。寻访灵童的特使在环湖山顶礼一周后看到的景色与拉萨圣湖中的显影一模一样，十分惊奇，又探听到有个名叫罗桑益史的小童正是大活佛圆寂时所生，于是前来岛上相认。在辨认活佛生前的用具时，特使摆

放了大活佛生前用过的木碗，才 3 岁的罗桑益史叫喊道："请不要乱动我的木碗。"跋涉了千山万水的喇嘛们立刻伏地跪拜，感动得号啕大哭，并约定灵童成年之后到西藏坐床。

洛克最后一次到泸沽湖是在 1942 年，为了逃避日本飞机的炸弹而跑到泸沽湖，洛克在他的《中国西南的古纳西王国》一书中回忆道："现在尼落浦岛已被遗弃，给它生命的那个人是它真正的灵魂，而他已经不在人间了。他的家庭先搬到湖边的大落水村，后来又搬回到岛上，那时，岛上的墙已倒塌，一些猪把围墙基础的每块岩石都拱翻，造成毁坏和荒废，这一块和平小领地的父亲阿云山的遗体，在尼落浦岛最高横岭上火化，这是他最喜爱的地方，也是他选择度过他人生岁月的地方。"

洛克儿时没有感受过真正的父爱，阿云山这位善良的老人使他这个天涯浪子感受到了家的温暖。所以洛克曾经说过，阿云山就像他的父亲一样，这一点有李霖灿的文章为证："洛克博士次日又约我们去看老总管的坟墓，原来就在我们所谓的乐水岛上，我们一面听他口述他们两位老人家的往事，一面遍岛踏寻阿云山总管的墓茔。只是那一天喇嘛不在岛上，结果是遍寻不见废然而归返，老博士在黯然神伤之后还来了埋怨愤怒，因为随我们来的老总管的两位公子也竟然不知道自己父亲的瘗骨之所。”我们可以想见洛克当时的心情，因为“洛克博士一两天都不大开口讲话，只终日里绕室徘徊，尤其是好到岛尾小阜上的亭子间去独自徘徊，因为这里是他当日的书房”。

在洛克离去后的一天，夕阳如血，在狮子山的小亭子里，李霖灿发现在墙壁上洛克留下的一行英文字：“这是我最后一次来看泸沽湖，我说这话时心中实在是太难过，然而一个人年纪如此，不这么说又如何说呢？……泸沽湖依然美丽动人，但由于没有了我的老朋友阿云山，我在这里也住不下去了，我只能心有余恨地在这里向泸沽湖的山水告别。”

时间又过去了许多年，1958 年 5 月一个春光明媚的日子，泸沽湖畔下落水村一位年老的妇女独自慢慢走向了冰清玉洁的湖水中再也没有回来，她就是阿云山总管的夫人格则永玛。从此之后，人们再也看不到这仙岛上的琼楼玉宇，唯有洛克的几幅照片还留有它昔日辉煌的影子。

格则永玛给村民留下的最后一句话是“格姆女神保佑，今年的庄稼长得好”。岁月沧桑，洛克、阿云山、格则永玛早已仙去，尼落浦岛上也只剩下断碣残碑，美

丽的狮子山却依然安卧在泸沽湖畔。

将近一个世纪过去了，轻轻荡漾在泸沽湖上摩梭女的歌声依然是那么甜美，那种前所未有的幸福、安详和快乐是洛克当年所感受不到的。每年几百万人涌入了这个美丽的高原湖时，更多的宣传是用摩梭人的走婚做噱头，人们已经记不起阿云山和洛克的故事。

阿云山夫人格则永玛及儿女　洛克 摄（1932 年）

十二个纳西助手

那些曾经与他同甘共苦的纳西小伙子，在历经战乱和动荡的岁月后，已经没有人能活到今天。他们活着的时候，一定给自己的儿孙讲过许多惊心动魄的传奇故事，关于洛克，关于遥远的北方，许许多多的奇闻逸事足以让东巴们用古老的图画文字来写厚厚的几本书了，但很可惜这些回忆和故事大都随岁月的流逝而湮灭。就连家中保存的照片也可能在噤若寒蝉的动乱年代为免遭“里通外国”的罪名而悄悄地焚毁。当改革开放的春风吹绿玉龙山脚下这些小山村的时候，关于洛克和这些当年的纳西小伙子，人们只留下一个模模糊糊的印象。

但是当我翻开二三十年代的美国《国家地理》杂志，还有洛克留下的几本专著时，在那一张张的黑白或彩色的图片里，那些英武的面孔好像似曾相识的亲朋好友，许多纳西人可能在其中发现自己祖父或曾祖父年轻时的照片。那些遥远的记忆仿佛又复活了，在纳西人的心中，在高原的风中，所有的一切，好像雪山上流下来的一股清澈的泉水，讲述着昨日的故事。

来自丽江白沙的纳西卫士　洛克 摄（1928 年）

整个20年代是洛克在中国进行人文地理考察的黄金时代。1925年洛克率领12个纳西助手兼保镖及大批驮夫从成都浩浩荡荡出发，经甘肃卓尼、岷山、夏河、西宁、青海湖等地到达阿尼玛卿山脉。由于战乱，洛克一行在卓尼杨土司处滞留一年多。1927年3月洛克一行由松藩、成都、重庆、上海、香港回到昆明，完成了洛克生命中很重要的中国西北部的游历考察。

洛克是一个清高傲慢的人，很难与人相处，但有过与这几个纳西人到阿尼玛卿山出生入死的经历，他对纳西人有了新的认识，并产生了一种很特殊的感情。12个纳西人也接受了洛克，在危急时刻总能挺身而出、生死相随、忠诚陪伴。

1927年3月10日，洛克和他的纳西助手一起从卓尼出发，穿过迭部的崇山峻岭，走过松藩的草地，在漫天的大雪中他们一路艰难地行进，一边还得抵抗土匪的袭扰，在过去的5天里他们打跑了多次前来抢劫的土匪，打死了其中的两人。从卓尼到松藩一口气不停地走了18天，有时路上雪太厚不得不边挖路边前进。4月14日，他们终于到了成都。在杨森的安排下，洛克与两个纳西人同日本领事馆官员一起乘船到重庆。洛克到重庆生了病，在教会医院住了几天院，随后乘船抵达上海。

而其余的 10 个纳西人则长途跋涉回云南府。到昆明后，有 4 个人病倒了，令几个纳西人没有想到的是洛克竟然又回到了昆明，并且在教会医院找到他们。原来洛克对他们的安危放心不下，从上海经我国香港、越南又转回到了昆明。洛克一直等到这几个人的病痊愈后才带上两个纳西助手一同前往美国。

与纳西助手们离别的时候到了，想到也许是永久别离，洛克心里一阵阵地隐隐发痛，洛克在日记中写道："他们善良，宁静，头脑简单，孩子似的天真无邪和可爱，我喜欢他们，但是我也需要智识和精神上的同伴，和他们在一起，我好像是被一群孩子簇拥着。"

在与纳西同伴的同行中，洛克感受到了纳西人的刚毅性格，这种勇往直前的民族个性，是他们祖先从黄河上游到长江上游，跨越千山万水后磨炼出来的。这种个性深深地感染了洛克，洛克在后来从事纳西古象形字的研究中虽然遇到了重重困难，但他从来没有放弃，特别是《纳西语英语百科辞典》，更是耗尽了他后半生的精力。这需要坚韧不拔的意志，这种意志力来自对一个民族的特殊情感和巍然屹立的大雪山。

纳西象形文字“朋友”

注释：朋友也，携手相随。
——《纳西象形文字谱》

我们永远是朋友

洛克以浪漫主义的眼光看待纳西人，称他们是“纯朴的自然之子”或“高尚的野蛮人”。生活在纳西人中，洛克有一种返璞归真的感觉。喜怒无常、生性多疑的洛克无论在野外探险还是住在某个地方潜心钻研，他真正能信赖的只有纳西人。洛克了解和热爱纳西人的历史和文化，把纳西侍卫和助手当作自己的家庭成员，并以诚相待。这一点很重要，否则洛克无法与纳西人相处下去。洛克还常常免费为村民治病，在缺医少药的农村，这很容易赢得人们的好感。此外，他为人虽然一本正经，却十分喜欢和亲近小孩子，常对他们扮鬼脸，逗他

们玩。白沙村的老人至今还记得小时候洛克经常去捏他们的脸蛋，给他们带腥味的糖（巧克力）吃，纳西人在某种意义上也没有把洛克当作一个洋人，而把他当作了“白沙人”，所以也比较能够理解和容忍他的坏脾气。

在丽江的雪嵩村至今还流传着一个故事，洛克一行从阿尼玛卿山回到昆明后，其余的纳西人都回到了丽江，只留下了李士臣等人。有一天，洛克因为李士臣没有把采集的花种记录清楚，恼怒之下旧病复发，狠狠地踢了李士臣两脚。哪想到李也“日火起来”，恶狠狠地回敬两脚，于是俩人大打出手，被打得鼻青脸肿的洛克气得发疯，拔出手枪想干掉李士臣，结果被李家兄弟把枪缴了下来。李家兄弟把枪送到美国领事馆，让领事劝告洛克给他们算工钱然后走人，李士臣对美国领事说：“洛克是人，我们也是人，洋博士学问高，可还得向我们纳西人学学如何做人，我们不得不教育下他。”在圆滑的美国领事的劝说下，第二天洛克终于向纳西人的“高原脾气”低头，用半生半熟的纳西话向李道歉，说：“我们还是朋友，不，我们永远是朋友！”李说：“是朋友，那就好。”双方于是又重新和好如初，此后洛克带了李士臣和吕万育去了美国。从这个小故事中人们明白了洛克为什么和纳西助手口角几句就会想到过要自杀。

不打不相识，两种火暴脾气碰在一起，没有真诚和宽容是难以想象的。吃硬不吃软的洛克对于纳西雇工和助手，不管手头多么紧，都要用高工资来补偿发脾气的不良结果，在野外每个纳西人每天的工资是两个半大洋，在当时算得上是高工资了。纳西人成了洛克生活中必不可少的一部分，无论在昆明还是在丽江，洛克都会为组建的纳西大家庭而自鸣得意。这个坏脾气的家长有时也会显示一下他的宽厚，每当手下人喝酒喝多时，洛克就会用纳西话开玩笑大叫："酒疯子来了！"

洛克和他的纳西朋友们　李士臣 摄

探险探成摄影大师

1928 年，洛克在木里的贡噶岭为美国《国家地理》杂志拍摄的彩色照片就有 243 张，黑白照片有 503 张，此外还采集了 700 件鸟类标本。1929 年的贡嘎山之行他为美国农业部采集了 317 种植物，单是杜鹃花一项就有 163 种，共计 30,000 件植物标本，鸟类标本 1,703 件；为《国家地理》杂志摄制了 900 张彩色照片，1,800 张黑白照片。大部分的照片都是在条件艰苦的野外冲洗出来的，特别是 5×7 寸的彩色玻璃板的运作很艰难，一是在道路崎岖的山路运输中容易破损，二是制作过程十分麻烦：先在感光玻璃板上涂一层染有橙色、绿色和紫色的土豆淀粉晶粒，图像经过涂色层后与感光乳剂接触。这使曝光时间很长，在很强的日光下拍一张照片曝光时间要一秒钟，相机需要笨重的三角架来固定，玻璃板的彩色片冲洗对温度控制的要求很高。1928 年 8 月洛克在给《国家地理》杂志编辑的信中抱怨："在这个季节要晾干这些底片麻烦透了，在潮湿的空气中胶片很快会长出霉点，底片上常常布满了绿色的霉斑。"

今天很难想象洛克当年是如何与他的纳西助手克服种种困难来做到这一切的："在森林里把黑色的显影帐篷系在树枝上，用棉花把溪水过滤后装进容器，点燃牲畜的干粪以便加热，需把定影液加热到 65 摄氏度，助手还得在一旁赶走感光乳剂上的苍蝇。"

1930 年洛克回到美国，最大的目的就是想得到美国《国家地理》杂志的赞助，以便完成纳西东巴经书的翻译。但是杂志想得更多的是商业效益，对洛克的学术研究并不感兴趣，这让洛克多少感受到了一点"过河拆桥"的味道。他的学究气与《国家地理》杂志的大众化始终格格不入，该杂志的一些编辑认为他的文章"缺乏想象力，不能给人一种完整的印象，而且随心所欲，毫无章法，废话连篇，不知所云"。总之就是不会迎合读者的口味，而且经常得重新改写，绘制的地图也粗枝大叶。他 20 多岁才在美国开始学英语，况且又没有受过任何正规的高等教育，以他惊人的天赋能达到这一水平已是奇迹。况且早年的植物学研究并不要求他的文采，而即便像马克思这样的高手在用英文写作《资本论》时也常常感到信心不足。总之，用非母语写作的缺陷是难以消除的。他在《国家地理》杂志上的文章虽然经过编辑的润色，但在结构上却给人一种虎头蛇尾的印象。

倒是该杂志社的助理编辑格雷夫斯说了一句公道话:“洛克是世界上最好的摄影师之一，是一位成果丰硕的探险家和地理学者，但同时也是一个脾气最坏的人。”

美国《国家地理》杂志创刊已 100 多年，能同时成为杂志的摄影师和撰稿人的人至今寥寥无几，洛克就是其中之一。

在 20 世纪初，探险活动成为体现一个人所具有的全面潜能的代名词，探险英雄也成为社会所崇拜的偶像。直至今日，对这些早期探险家的崇拜，使得现代社会追寻他们旧日足迹的活动逐渐热闹起来，并冠上了“探险旅游”或“生态旅游”的时髦名词。约瑟夫·洛克就是那个时代的传奇性人物，在他的探险过去了 80 年后，在欧洲和美国，对洛克崇拜的热潮一直在持续，经久不衰。为此，美国《国家地理》杂志专门为洛克建立了一个30多平方米的展室。时光流逝，在洛克探险过的云南的很多地方，自然生态的环境仍同20世纪一样，生活在怒江、澜沧江、长江上游的一些少数民族，生活方式与生活环境同洛克当时所见变化不大，这也是许多崇善回归自然的西方人愿意来云南重温洛克旧梦的原因吧。从这一点上来说，洛克用他的知名度让世界了解了中国西部。

2001年，国际摄影家协会评出了20世纪最有贡献的100位摄影师和代表作品，洛克凭借专业的摄影底气和丽江的题材入选。

指云寺　洛克 摄（1928年）

待在昆明的日子

据健在的丽江纳西老人的回忆，有一年洛克回美国后，用中文给白沙的和志辉写信。和志辉文化程度有限，请邻居给他念信，信中有一句话让和志辉摸不着头脑：“我是白沙人！我要死，来丽江。”旁人给他解释，洛克博士是想来丽江了，就是死也要死在丽江。和志辉这时才恍然大悟，但是他的纳西友人可能永远也想不到他在美国谋生所遭受的冷遇和艰难，内心长时间处在一种压抑状态。

在《国家地理》杂志碰了一鼻子灰后，洛克又到农业部去碰运气，但还是没有什么收获，无奈之下他又到了国会图书馆。国会图书馆购买了一部分东巴经书，随后他又厚着老脸到哈佛植物园找机会，但心胸狭隘的威尔森还是给他吃了闭门羹。好在哈佛比较动物学博物馆给了他很少的一笔钱，让他在云南收集鸟类标本。

这年 5 月，洛克还得到得克萨斯贝勒大学所授予的，也是他渴望已久的荣誉博士学位。

6 月，他回到了闷热潮湿的华盛顿，一面耐着性子研究东巴经，一面为农业部辨识植物标本。这时候他经常想起丽江的雪山和草地，想到了云南高原凉爽的风。在完成了《国家地理》杂志的约稿后，他终于下定决心，卖掉了所有他在中国收集的珍藏和古董，带上他全部的积蓄，准备回到中国，在云南研究纳西文化来度过他的后半生。

1930 年秋洛克又回到了彩云飘逸的昆明，他在昆明城旁的盘龙江边租了一院房子，房子背后是一个枪毙犯人的刑场，不知道洛克当年每天听到的是处决犯人的枪声还是大刀的砍头声。在今天日新月异的昆明，大概很难寻觅到洛克当年在昆明生活的踪迹了，这个城市的历史积淀已在现代化的进程中被一笔勾销。说起洛克，人们往往会有一种错误的印象，认为洛克在云南大部分时间待在丽江。20 年代洛克的采集植物和地理探险生涯结束后，他生活的重心便从丽江的大本营移到了昆明，为了生活起居有人照料，他专门请了一个纳西人来省城里陪他。

无论是过去还是现在，昆明都是一个安逸的城市。从 1930 年 10 月到 1931 年 2 月，有 5 个月时间洛克一直待在昆明，令人不可思议的是在这段时间他中断了对纳西文化的研究。不知是为在美国的怀才不遇而感到气恼，还是因为没有资金上的赞助而没有灵感，他终日无所事事，情绪低落。每天早上他都要睡一个大懒觉，醒来后就躺在床上看狄更斯的小说，吃完中午饭后再到昆明城里闲逛，或找住在昆明的一些外国人喝茶。中国的政治和军阀的混战是他们的热门话题。晚上洛克则三心二意地为美国国家地理协会画地图。他经常想到去丽江，但又举棋不定，一会儿想回夏威夷，一会儿想去欧洲，整天神经兮兮，对街头上的反帝口号十分敏感。

当时在昆明的外国人分为两个圈子：传教士和商人。两个圈子的人互不来往，传教士指责商界人士抽烟、喝酒、打桥牌，商界人士则讽刺传教士不抽烟喝酒。但教导中国人说，中国人与白种人都是同样优秀的，显得十分可笑和不可理喻。洛克对传教士没有什么好感，但内心的寂寞和孤独使他常常混迹于两个社交圈子里，但他却刻意疏远在昆明的美国领事哈里·史蒂文斯。史蒂文斯对洛克也没有什么好感，认为他不是一个正儿八经的美国人，总是讲外国话，唱外国歌剧。

昆明宜人的气候是独一无二的，但洛克还是觉得这里乏善可陈。古老的城市里肮脏的街道，满街的鸦片烟鬼和如影随形的妓女，在离昆明周围三天路程之内都是土匪最猖獗的地方。每次龙云的军队远征广西，昆明就显得岌岌可危。洛克每天都狼吞虎咽地看报纸，对报上所有的消息和传闻都囫囵吞枣地信以为真。闲极无聊、杞人忧天，另外加上病痛不断的生活使洛克情绪低落，有段时间几乎濒临精神崩溃。在昆明唯一的好处是可以结交地方上的权贵，而结交龙云这样权倾一时的大人物正是洛克博士的拿手好戏。有一段时间，他想去彝族地区考察，因为龙云本人是彝族人，所以龙云还特意给他开了介绍信和特别通行证。

与斯诺为伴的马帮大理行

昆明当时还被称作云南府，从昆明到丽江的路途要走 18 天。

1930 年年底，驻云南府的美国领事史蒂文斯带了一个青年见洛克，此人就是埃德加 · 斯诺。斯诺为一家报社工作，要到缅甸采访。史蒂文斯想到他们有一段路可以同行，于是撮合这二人同行。

马帮有几种风格，其中最典型的是藏族马帮，金沙江以西的驿道，云南常用的漂亮宽大的云南马鞍，在云南西北部的驿道再也不能适用，藏族马帮完全不用马鞍，他们用的藏式驮法是将货物用牛皮紧紧裹起，贴身绑到骡子上，每匹骡子也只驮汉族马帮一半的重量。

在得知美国《国家地理》杂志会给洛克每篇文章1,500美金，并保证一部20万字的手稿不低于7,000美元酬金时，初出茅庐的斯诺简直是羡慕不已，并写在当天的日记里。而在洛克眼里，斯诺是一个“粗俗幼稚的美国青年，名字有点怪怪的，身上带有大多数没有见识的美国乡巴佬所特有的秉性”。斯诺向洛克讲了准备经大理到缅甸的计划后，洛克听了哈哈大笑，嘲笑斯诺还没走到大理就会被土匪干掉。

1931年1月底洛克的马帮准备好了。斯诺向往已久的马帮之行即将开始，云南府的一切对斯诺来说也变得心旷神怡。斯诺后来在《在中国南方的云南府》一文中写道，云南府虽然苛政肆虐，洋人的生活却比本地人要安全得多。他深情地描绘了从云南府出发那天的情景：“在那修筑着钝锯齿形掩体的，因为年久失修反而显得十分美丽的古城墙外面，是一片开阔的原野，骑上一匹健壮的滇马，沿着千年古道，穿过无尽的静谧的稻田，沿着长长的翠绿的田埂走去，田埂两边的水面，像镜子一样反映着明媚的，但永远不觉得炎热的阳光。不很远的地方，地平线上矗立着一片青山，山的下面是一

一九三一年昆明至丽江马帮路线示意图

第 一 天	昆明至安宁	八十里
第 二 天	安宁至老鸦关	七十里
第 三 天	老鸦关至禄丰	八十里
第 四 天	禄丰至舍资街	九十里
第 五 天	舍资街至广通	六十里
第 六 天	广通至楚雄	六十里
第 七 天	楚雄至吕合街	六十里
第 八 天	吕合街至沙桥	六十五里
第 九 天	沙桥至普朋	九十五里
第 十 天	普朋至云南驿	六十五里
第十一天	云南驿至红崖	八十五里
第十二天	红崖至凤仪（赵州）	六十五里
第十三天	赵州至大理	五十里
第十四天	大理至邓川	九十里
第十五天	邓川至牛街	九十里
第十六天	牛街至甸尾	七十里
第十七天	甸尾至九河	六十里
第十八天	九河至丽江	九十里

个狭长的、清洁而浩渺的大湖，湖水像少女的眼睛一样晶莹。尽管她有种种苦难，但总有的时刻，你会觉得，啊，中国多么可爱，正巧，你看见一位皮肤黝黑、心情舒畅的老妇人，牵着一头倔强的老水牛走过，就向她淘气地挤挤眼睛，并且告诉她，在云南府的日子还是过得满舒心的。”

年老多病、生性呆板的洛克却没有这样的好心情，洛克有着精彩的过去，云南府阳光明媚、舒适惬意的生活似乎变得愁云惨淡。而在斯诺的面前，有着灿烂的未来，所以他用积极向上的眼光来观察事物，在阴暗中也能看到一缕亮色。斯诺对中国的贫苦百姓抱有深切的同情心，洛克则爱憎分明，个性上的差异使二人在路上最终不欢而散。

1931 年 2 月 1 日一早他们离开老鸦关，经禄丰、香水关、广通、楚雄到大理，洛克一路上都在生病，到后来连马都骑不了，只好让苦力用轿子抬着他走。在楚雄附近六和街一个山村破庙里投宿时，斯诺看到了墙壁上的一行字："我还会来这里吗？不，再也不会，约瑟夫 · 洛克于 1930 年 1 月 28 日。"斯诺看了以后把"不，再也不会"几个字画去，幽默地写上"会的，又来了，1931 年 2 月 7 日"。

2 月 13 日到大理后，斯诺应邀住到了传教士库恩的家里，洛克则在盐务局的大院里露营。后来斯诺到洛克的帐篷结账，他对洛克索要的数目十分不满，在结清账后，斯诺对洛克说了声："好吧，你走之前，可能还有机会见面；要不，现在我就祝你好运，再见！"然后转身就走。洛克则在后面大叫："谢谢你了，谢谢你给我当了三个礼拜的秘书！"洛克因为自己支付了护送费用但斯诺连句道谢的话也没有而气恼，故出此言。分道扬镳之后，斯诺向西到缅甸，而洛克则北上丽江。

后来大名鼎鼎的斯诺在从昆明到大理的旅途中逐渐对洛克有了更深的认识，在知道他至今仍孑然一身时，斯诺在日记中写道："这个人明显地暴露出他最关心的东西只有两样：他的钱财和他自己。他一无妻子，二无亲戚，三无任何人靠他生活，这一事实更突出地加深了他的弱点。他患了一种极易发作的疑心病，他成了自私自利和个人主义的牺牲品。他在内心深处早已成为一个厌世主义者。”当时洛克从美国碰了一鼻子灰后回到云南，正处于失业状态，行程中又重病在身，使得斯诺对洛克有许多误解。

在洛克的日记中斯诺则成了一个古怪的美国青年，只会耍脾气，他不买高锰酸钾而偏要买氰化钾来给生菜消毒，上路的第一餐就准得把自己和他的厨师毒死。

一年之后，即 1932 年 10 月，二人又在上海见面了。斯诺故意安排这样一个机会捉弄一下呆板的洛克。在上海玫瑰房夜总会款待洛克，其间观看了色情歌舞表演，也许斯诺是出于好意，劝洛克放弃扭曲的禁欲生活。而洛克则在当日的日记中宣泄了他的不满，但并没有说明整个事件的详情，只是轻描淡写地说道：“这真是令人感到恶心，所有的一切都围绕着性的轴心转，以至于那种令人作呕的场面无从下笔。”并说：“如果我早知道斯诺会带我去这种地方，我会拒绝的，我们带了两个美国女孩去那里，斯诺和其中一个女孩跳舞的时候，我对另外一个美国女孩说，赶快收拾东西回到你妈妈那里去。”两天以后洛克还在日记中责备斯诺和文明社会中的色情和淫秽。

雪嵩书斋识东巴

1931 年 3 月，回到丽江雪嵩村的洛克开始恢复荒芜已久的纳西象形文字的研究，并专门雇了一个东巴为他翻译东巴经书和讲解宗教仪式，他在丽江的书斋生活又恢复了往日的宁静，没有什么东西能再打乱他的心绪，虽然他在月初收到哈佛植物园新园长奥克斯・阿莫斯的来信，请他在空闲时间在澜沧江河谷采集兰花。但洛克正专心致志于纳西文化研究，对一年 1,000 美元酬金不屑一顾，一开价就要 2,000 美元。一个月后他又想到这送上门来的生意不做白不做，对自己来说虽然少了点，但至少可以让自己和纳西助手挣一笔钱，于是让3个纳西助手到云南西南部为哈佛植物园采集兰花。他自己则在东巴的帮助下研究纳西文化。有时为了观察宗教仪式的全过程，他跑遍了丽江城，去看东巴宰鸡杀猪，驱鬼除病。看到他着迷的样子，只要哪里有东巴的风吹草动，洛克的纳西助手都会马上向他通风报信。在丽江的日子里，洛克共收集到16种不同的葬仪和100多种宗教仪式。如果洛克错过了部分仪式或者对某种仪式的内容和含义不太清楚，他会出钱让东巴重复一次或到光线好的地方拍照。到年底时他在翻译东巴经书和研究东巴教仪式方面取得了很大进展。

游山玩水的生活方式是洛克生命中不可缺少的一个重要组成部分，在研究工作的闲暇之余，他会去野外待上几天。1931年3月底，为了避开前来丽江的苏格兰植物学家乔治·弗瑞斯特，洛克特意到丽江以北的白地一带游玩了10天。白地一带的纳西部落比起丽江更为古朴，用洛克的话说就是“还没有被汉人的文化污染”。在白地哈巴雪山下青翠的河谷中，远远望去，有一白色飞瀑脱颖而出，近看才知道不是瀑布，而是数千亩白色的琼台玉池，被当地人称为“仙人遗田”，又名白水台。除白水台外，那里还有阿明灵洞，都是纳西东巴教的圣地。据传东巴教始祖丁巴什罗曾在此地创立了东巴教，明代纳西族土司木高曾在此留下一首有名的摩崖诗。

洛克到白水台后兴奋不已，他写道：“这些水池台地似经过人精心雕凿而成，就像是待耕的水稻梯田，除了水是碧蓝色的，所有奶黄色的岩池都是由数百万层石灰岩石累积而成的，人在上面行走时空空作响，但是不会碎裂。”为此洛克向格雷夫斯吹嘘发现了第二个“黄石公园”。4 月，他心旷神怡地从白水台回来后，还请传教士安德鲁斯夫妇到大雪山下的云杉坪野营数日。

整个夏天和秋天洛克都在丽江静悄悄地度过，特意雇请的东巴和华亭对他的工作帮助很大。他在研究上进

展顺利，除了卧病在床，他对在丽江悠闲逍遥的生活乐不可支。他在给格雷夫斯的信中描述世外桃源的生活："我们不知道什么叫作压抑，这里的人们靠种地生活，庄稼长得很好，谋生很容易。这里不缺什么，没有乞丐，我从来没见过纳西乞丐，人们所需购买的东西甚少，很少有现金交易，无论银价高低，农产品和自织的麻布价格却不变。这里没有工厂，没有汽车，没有人像在工业社会那样为生活而奔波劳碌，这里没有经济萧条，也没有中国东部沿海及上海的动荡和战乱。我们就像生活在月球上，吃自己种的菜，吃自己畜养的禽肉，这里的人不知道中原地区的洪水。他们不看报纸，一是没有，二是不会读，即便能读也根本对混乱不堪的外面世界不感兴趣。"

1932 年 2 月末，洛克又接到加州大学伯克利分校植物园长托马斯 · 顾德斯比特的来信，请洛克到木里、澜沧江河谷和萨尔温江一带采集植物标本。弱不禁风的洛克无力前往，于是让手下的纳西人分头去完成这项任务。之后洛克也再次离开丽江，他在纳西助手的簇拥下再次沿着漫漫驿路回到昆明一家法国医院接受治疗。

1932 年 6 月，身体初愈的洛克开始准备编撰一本纳西象形字字典。整个夏天研究工作进展顺利，这时洛克

渐渐意识到年老体弱的他已不再适合在内陆地区探险和旅行。除了生病住院，洛克在昆明的生活变得很有规律和舒适，他经常与沃特森医生、标准石油公司的佩吉斯等人来往，与几个纳西人相处得像一家人那样。在 1932 年 7 月 27 日的日记中洛克写道：“我们在这里是一个快乐的大家庭，没有什么东西能够打扰我们宁静的存在。”

1932 年 9 月 25 日洛克经海防到了香港，在中国香港的医院治疗，然后又到了上海，在上海他又见到了斯诺。在上海的三个多星期里洛克买了许多书籍，然后又到北京。这次旅行的目的，是洛克为研究纳西文化进行的一次资料收集工作。洛克在上海和北京首先收集了有关中国西部和西藏东部的中文文献，包括中国 18 个省份和附属地区的“通志”，自明代以来云南、四川、甘肃、西藏所有县、州的地名志书；在故宫图书馆和北平图书馆抄录了一些地方志书的孤本；在收藏地方志书较多的上海徐家汇天主教图书馆中，洛克还抄录了些稀有珍贵的藏书。在这以后的很多年里，洛克收藏的很多孤本书连亚洲、欧洲和美洲的大图书馆里都没有收藏，此外洛克还收集了很多有关中国西部区域的西文出版物。

12 月洛克回到了昆明，到圣诞节他派出去的纳西族助手已经完成了为加州大学的植物标本采集工作返回云南府，他们此行一共采集了26箱植物标本和植物种子，洛克对他们的工作表示肯定和感谢，在云南府这个奇特的大家庭又开始了其乐融融的生活。转眼间又是一年过去了，年近半百的洛克还没有一个真正的家，还没有一个固定的职业，年老多病的他一旦丧失经济来源，谁来赡养自己成了他的一块心病。洛克曾在日记中写道："我的生命是孤独的。"这段时期他经常读一些斯宾诺莎和尼采的书聊以自慰，虽然在孤独的世界里没有遥远的彼岸，洛克仍然以顽强的毅力在病痛的折磨下心无旁骛地研究纳西的东巴经书和宗教仪式，洛克在昆明一直待到次年的夏天。

1933年8月，洛克想到了离开中国。他把自己的18箱书先经海防托运到中国香港寄存在朋友那里。10月初，洛克在从丽江新来的东巴的帮助下神速地完成了部分东巴经书的翻译工作。

洛克把自己用不着的东西都送给了他们，但有的人在为加州大学采集植物标本的报酬感到不满，生性敏感的洛克则觉得这是一件很伤感情的事，忘却了自己也曾喜欢与雇主在报酬上讨价还价。更令洛克感到伤心的是他比较喜欢的李士臣拒绝与他一同到欧洲去，而想回到丽江与妻子、母亲团聚。

衣锦还乡

1933 年这一年，在西方世界有一本书一出版便风靡一时，这就是英国人詹姆斯·希尔顿的小说《消失的地平线》，而洛克的《中国西南的古纳西王国》却仍在酝酿之中。

1933 年 10 月 19 日洛克从昆明到了越南河内，21 日他在日记中写道，十分挂念“贪婪的纳西人和在云南府的房子，还有房子背后的刑场”。离开云南的洛克这时才想到，不知该到哪里去，也不知道什么地方才是他的归宿。他觉得要有一个继承人来照料自己的生活，这时

他想到了自己的侄子罗伯特，洛克在中国香港短暂停留后又到了上海，然后乘船到欧洲。

1933年12月8日洛克到了意大利的威尼斯，想到30年前自己曾在威尼斯流落街头，饥寒交迫的悲惨遭遇，洛克萌生了一种补偿心理，大肆地挥霍和享受，可是侄儿罗伯特的怯懦表现却使他大失所望。洛克此次返回欧洲，旧梦重温少年时代的漫游。他到了法国的尼斯、蒙特卡洛等地，圣诞节他到了维也纳，与姐姐一家团聚。衣锦还乡的舅舅为他的侄儿们带来了许多贵重的圣诞礼物，此外他还没忘记去见他穷困潦倒的老师和同学，看到他们的平庸和碌碌无为的生活，洛克为自己当初的远走高飞而深感庆幸。在维也纳他还见到了著名的植物学家亨德尔一门采奇男爵。门采奇男爵1913年至1918年间曾在中国进行过植物学考察，也曾到过丽江，他对洛克的工作和成就十分赞赏，并邀请洛克到维也纳大学开植物学讲座。一个有鸿鹄之志的流浪少年有一天终于能够登堂入室，与名流学者平起平坐，这让出生于社会底层的洛克的虚荣心得到了极大的满足。他爱这个城市的一切，但在维也纳却没有他的事业和归宿。在维也纳的两个半星期时间里，他流连忘返于歌剧院和维也纳的大街小巷，回忆少年时代的时光。

1934年1月9日，洛克乘火车离开维也纳前往巴黎。1月13日他在巴黎度过了他的五十大寿，他一方面到卢浮宫等风景名胜参观游览，另一方面积极联系有关纳西论著的出版。出版商对他的手稿很感兴趣，但因洛克的索价太高而作罢。虽然他此次来欧洲的主要目的之一就是联系出版，但他却并不在乎。这时他又想到了回云南，他给在丽江的传教士莎登女士寄去了300美元，让她转交给纳西助手，并请他到昆明等他。随后洛克又到了伦敦，会见了许多老朋友，伦敦植物学界和园艺爱好者对他的到来很是兴奋。

战争的阴云笼罩着整个欧洲上空，洛克不得不冷静下来认真思考欧洲时局的变幻和个人的前程与安危。与欧洲残酷的现代战争机器相比，洛克认为中国的土匪和军阀所进行的战争是业余水平的，中国遥远的西南边疆仍算得上是和平的乐园。洛克在日记中写道："白种人是这个世界上的祸害，就像是伊甸园里的那条蛇，他们发明的战争机器可以杀戮成千上万的人，同时又发明X光机希望用来救人以抵消屠杀的血腥和恐慌，愚蠢的人类在毁灭方面比保护生命方面干得更为出色。"

1934年2月底洛克从伦敦抵达纽约，受到了萨根特女儿——一个富孀的热情接待。在华盛顿他受到了农业

部和《国家地理》杂志的热烈欢迎，随后他又到了芝加哥和旧金山，受到加州大学伯克利分校的顾德斯比特的热情接待。1934 年 5 月 6 日洛克到达了日本，日本军国主义的穷兵黩武给洛克留下深刻印象。洛克认为“恐黄症”仅存于日本人，日本的军国主义是西方文明的产物，正是白种人教会了日本人侵略和扩张，并说“白种人此举是到了自杀的悬崖边”。身为植物学家和人类学家的洛克虽然对政治一窍不通，但他也嗅到了战争血腥的气息。数年之后，日本果真把美国也拖进了太平洋战争的泥潭。洛克的同行，美国人类学家本尼迪克特在战争期间也加入反法西斯心理战的行列之中，她准确地预见了日本在穷途末路下的投降，她本人因《菊花与剑》一书对日本国民性的研究而成名。

1934 年春，洛克来到了北京，这时埃德加 · 斯诺也于一年前来到北京，在燕京大学的新闻系兼课。这时的斯诺新婚不久，他与洛克此时早已尽弃前嫌，一起吃饭后，还到西山一带帮洛克租房子。在北京的两个多星期里，洛克一面游览名胜古迹，一面与一法国书商联系编辑出版《中国西南的古纳西王国》一书。

红军过云南

1934年6月，洛克在环绕地球一圈后又回到了昆明。洛克在昆明南门街石桥铺48号租了一套舒适的西式住宅。书房宽敞气派，壁炉上方挂着孔子的巨幅画像。炉台上摆着两瓶鲜花，墙壁上还挂着书法条幅和照片，沿墙根摆着一排排书架，宽大的书桌下垫着地毯。他在给友人的信中说：“我在这里感觉很好，生活便宜，房子也不错，还有忠顺的仆人，我还能奢求些什么呢？”

作为一个外国人，洛克又像往常一样感到了恐慌和心神不定，他乘火车跑到开远去暂避，洛克在日记中写

道："红军占领了云南府以北的富民等待增援，不知道红军是否会不惜一切代价攻打云南府，或者是挥师北上，越过扬子江进入四川，如果我是龙云，我会放他们一条生路，让背叛自己的国民党见鬼去吧。"红军做出佯攻的架势，突然在离城不到十里的地方掉头向北而去，等蒋介石乘飞机到云南府督战时，红军早已摆脱了敌军的追剿。躲避一个星期后洛克回到昆明，听到了有关红军各种神奇的传说。红军严明的军纪、不偷不抢，对百姓秋毫无犯给洛克留下深刻的印象："红军什么东西都给钱，当他们需要食物摘田地里的马铃薯时，他们会竖一根木桩在田里，把钱放在一个小袋子里然后系在木桩上。"与之形成鲜明对比的是国民党的军队："他们到处烧杀抢掠，这群军纪败坏的寄生虫与一般的土匪没有什么两样。"洛克听说有一名叫阿尔弗雷德的瑞士传教士在昆明附近被红军释放后到一家医院里治疗，洛克于是急忙赶去探望。阿尔弗雷德对洛克说，如果农民知道共产党是什么样子的，没有人会逃跑的，因为红军在攻占城镇后会开仓济贫，他们受到大多数劳苦大众的欢迎。红军组织严密，有马克思主义的信条，这使洛克对共产主义有了更多的了解，他在给华盛顿的友人的信中说："国民党的军队到处抢掠，所以老百姓确实希望红军回来。”阿尔弗雷德神父在返回英国后则根据自己的奇特经历写了一本书，为《抑制的手》。书中叙述了他被红军羁押的经历，既有阶下囚的感受，又有座上宾的荣耀。阿尔弗雷德也成为最早向世界报道红军长征的外国人，接着就是斯诺深入延安写下的《红星照耀下的中国》。

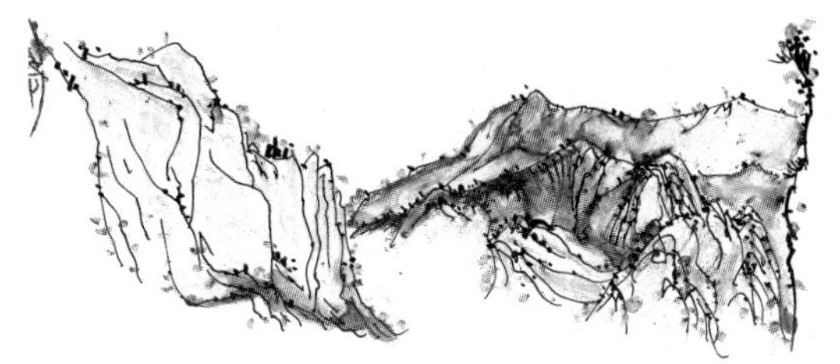

云端之上俯瞰玉龙

1936年2月3日是星期一，阳光明媚，洛克这天包租了一架中国航空公司的飞机“昆明号”，从昆明飞到了丽江，这次飞行的主要目的是从云端俯看玉龙雪山诸峰和穿越阿昌果大峡谷（虎跳峡）。因为从地面穿山越岭无法搞清所绘地图的比例，或是漏掉一些山脉和河流的细节。

这次飞行最惊心动魄的一幕是穿过阿昌果大峡谷，洛克后来把在飞机上写的日记附录在十多年后出版的《中国西南的古纳西王国》一书中。还是让我们看一看当年洛克如何玩的就是心跳的吧:"当我们飞近峡口的时候，飞机被风刮得和山壁非常接近，可怕的金沙江峡谷似乎要把我们吞掉。风猛烈得吓人，我们的两边有冰盖的山峰，绝壁把我们包围起来，而12,000英尺下面是奔流的金沙江……峡谷里暴风狂啸，我们的飞机在暴风中像一张纸一样震动着，狂风把我们的飞机吹向哈巴山峰，我真怕飞机会撞到盖冰的峭壁……峡谷中不同气流形成的大风，使我们的飞机颠簸得像大海里的一只船，有时飞机垂直下落，要接连几次加大油门才能升起来，然后又向侧面滑下，以每分钟1,500英尺的速率，不由自主地忽升忽降。引擎声似乎越来越大，回声在巨大的绝壁中不绝于耳。在这个狭窄的深渊里，飞机倾斜、颠簸，在17,000英尺高的垂直绝壁中，与石灰石岩石十分接近，沉静而伟大的山峰，似乎轻蔑地望着我们，看我们脆弱的飞机在它的脚下发抖。"

心有余悸之后，飞机在"全省最好的天然飞机场"白沙漂亮地降落，第一个跑到飞机前来的是李士臣。洛克曾想带他到欧洲旅行，洛克看到这个又黄又瘦，出身为牧童的助手时，感到心痛。这是快乐而短暂的一天，他在日记中写道:"我去了我的老房子，我简直难以置信，我会在这里待上这么多年，冬天的风很大。虽然田里的豆子和小麦已经长出嫩芽，但原野里仍是一片灰黄，阳光灿烂，天气却很冷。那些熟悉的雪峰巍峨屹立，直插深蓝的苍穹，在逗留的两小时里，我仿佛又重温了一遍在丽江的岁月。”洛克在吃午餐时，一只猪从通往厨房的门洞里窜了出来，随后洛克又到山村小学校里看了一眼他从加利福尼亚带来的亲手植下的桉树，但忘记看一下种在他故居外的苹果树。下午 4 时洛克的飞机回到了昆明，事如春梦了无痕，洛克很快又沉浸在东巴经书中，在云南府又迎来了一个温暖的春天和凉爽的夏天。

丽江首次降落的“昆明号”飞机　(1936 年)

逃离轰炸下的昆明

1937 年 7 月，即洛克回到昆明一个月后，中日战争全面爆发，随着战争向纵深发展，动荡不安的生活使他不得不暂时一度放弃他心爱的研究工作。

1938 年的新年来临，洛克 52 岁的生日就这样在死气沉沉的昆明度过。除了听收音机外，很难得知外界发生的翻天覆地的变化。不单是中国，这时整个世界都处于世界大战的边缘。洛克是个谨小慎微且怕事的人，战争让他揪心的另一个原因是多年来他收集的大量藏品和朋友送的礼品，如卓尼王子送的老虎皮、收藏的青铜器，大量的善本、珍本、古籍等需要一个安全的地方来存放。他把个人的所有财产造表登记，接着又把值钱东西打了几大包寄到中国香港存放。到了5月，洛克再也无法忍受这种生活，突然决定启程去欧洲。他付了足够的费用让纳西随从们回丽江去，只留下了和志辉在昆明守房子。

从河内到曼谷，洛克乘飞机连续中转十几站才最后到达柏林。洛克此次回欧洲，想带侄儿罗伯特到中国协助他的工作。在柏林植物园，洛克指着几百种植物上的标签，骄傲地叫罗伯特看看，上面都标着“采集者洛克，采自中国”。此次洛克到德国的一个更重要的原因是拜访柏林的一些学术机构和出版商，想为其在中国采集植物标本和出版一些有关纳西宗教的论著。作为第三帝国首都的柏林正处于第二次世界大战爆发的前夜，到处弥漫着战争气氛，学术机构也没有心思搞学术研究。洛克在德国没有接到采集植物的任何订单，论著出版的事也不尽如人意。大失所望的他于是给了罗伯特一笔钱，把他打发到意大利的米兰，并叮嘱他要节约，只能坐三等舱。他自己则到苏黎世、巴黎转了一圈，他还想去美国，但盘缠不够了。洛克还是决定回云南为上策。

8月洛克才回到昆明，日本人的轰炸机就接踵而至。8月15日，日本人第一次空袭云南府，从此省城一直被

日本人的轰炸搞得人心惶惶。洛克在9月28日的日记中描述了难以忘却的一幕：“警报拉响，震耳欲聋，和志辉和我立刻从客厅的窗子往外看去，听见雷鸣般的爆炸声，紧接着巨大的烟柱腾空而起，尘土和烟雾笼罩在城市的上空，久久不散。几分钟后，9架日本飞机飞过我的屋顶，一架被击中，冒着浓烟栽下。机枪声和防空炮火响成一片，我的心都提到喉咙，感到绝望无救。”战火在世界各地愈烧愈烈。洛克在昆明的安全，也令美国昆明领事馆担心，总领事麦尔一再催他回美国避一避风头。

1938年10月，无可奈何的洛克回到夏威夷。他想夏威夷是个世外桃源，孤岛能避开战争，便于继续他的研究工作。当地的新闻机构把才从中国回来的他当成了中国问题专家，他于是对夏威夷的新闻媒介发表了不少自己对时局的高论。但洛克很快发现，夏威夷生活费用高昂，想定居下来生活并不容易。这时夏威夷大学和他谈了笔交易，聘他为客座教授，教授中国的历史、地理和植物，年薪3,000美金，条件是让他捐献出他的私人藏书。洛克在仔细考虑之后没有完全接受，但同意把昆明和香港留存的图书运到夏威夷，先借给学校使用。

然而轰炸下的昆明已不再适于他的研究工作，洛克

于是决定找一个地方，离云南不远不近，能随时观察中国的动向，危险时也容易逃之夭夭。1938年年底，洛克到了越南，花了一个月时间从北方考察到南方，最后选中了南部古代越王避暑的一个小城大叻。之后，他立刻打电报叫他的纳西随从们来越南，但离家多年的纳西人不愿再离开丽江，何况外面的世界正是一片混乱。可洛克不能没有他们，他到昆明，执着地发了几封电报催他们前来。洛克在昆明的老房子此时已空空荡荡，冷落荒凉。他住在领事馆，同麦尔一道在轰炸声中度过了圣诞节。圣诞节过后，4个纳西人陆陆续续到了昆明，洛克与他们一同前往越南避难。到越南后不久，便从昆明传来消息，洛克的房子被日本飞机投下的炸弹击中，只留下残垣断壁。

越南的新生活充满清新的感觉。洛克给老朋友麦瑞尔写信，说道："天气真好，风景如画，地方洁净，不像云南府又脏又乱。我买了一辆汽车，租了一栋三间卧室的房子，希望来年是个好运年。"这一年对洛克来说确实是个幸运的年头，在越南风平浪静的日子里，他几乎忘掉了外界发生的惊天动地的世界大战。这一年洛克在研究纳西语方面有很大的进展，关于纳西宗教仪式的两卷著作也交付上海准备出版。但制好的版由于日本人的

炸弹炸了印刷厂而没能印出来。粗通近 10 种语言的洛克不懂越南语，但在法属殖民地的越南，他用法语还可以对付。几个纳西人在他的指导下每天去野外捕鸟，为美国国家自然博物馆收集鸟类标本，日子过得也很舒心和轻松。不知不觉间，一年便过去了。

1940 年 7 月，平静一时的越南也开始动荡不安起来。德国在欧洲节节取胜，日本帝国于是开始在东南亚大肆扩张，企图形成对中国的大包围圈。在日本人的压力下，明哲保身的英国人关闭了滇缅公路，中国后方最重要的补给线被切断；法国人控制的滇越铁路也准备关闭。这等于是给在艰难困苦抗战中的中国雪上加霜。对洛克来说，在越南一年半的好日子也即将结束。

洛克决定让3个纳西人在铁路停运之前回昆明，和志辉则同他一道赴曼谷转飞机到夏威夷。可计划不如变化快，滇越铁路突然关闭，东南亚顷刻之间成了日本人的势力范围。4个纳西人只有都乘飞机回到了昆明，洛克只身一人坐船到了马尼拉，然后回到了夏威夷。

洛克原打算在夏威夷大学教上一年书，同时把藏书也捐给学校。当他到学校看到他的那些宝贝书籍时，他的心从脖子凉到脚跟。这些价值连城的书籍被放在一所旧仓库里，满地全是虫子。一些书受损严重，一些装书的箱子竟然放在遭到水浸的潮湿地方。洛克强压住怒火，找到校长柯冉福特博士。不料此人对东方文化很无知，觉得这些没有几个人看得懂的书没什么了不起，他这样回答洛克:“这是我所选择的保存方式。”心痛无比的洛克愤怒地对夏威夷的记者说:“我可以终止合同，收回我已被损坏的书籍，但决受不了他的侮辱。”这场冲突的结果是，洛克把这些书送给了哈佛大学。哈佛大学燕京研究所不费吹灰之力就得到了这些他们一直想要的中国古代的珍稀史籍。洛克在夏威夷待不下去了，记者问他有何打算，洛克答道:“我要离开夏威夷，去东方遥远的某个地方。”

抗战立功

洛克经中国香港飞回到昆明后，他在省城的房子早已经成为一片废墟。无处容身的洛克于是回到了离别4年的丽江。战时的丽江相对平静，食物也不成问题。这次他在丽江古城的玉河边和子安家租了一进两院的大房。战争期间，洛克体会到飞涨的物价给生活带来的艰难，所以此次有备而来，从国外带回了不少种子。他在后园开辟了菜地，自己和房东种起菜来，同时做一些野生植物驯化的试验。丽江本地的蔬菜品种不多，精通植物学的洛克了解丽江的气候、土壤，所引进的品种在丽

江生长茂盛，洋花菜、豆角、西红柿等应有尽有，一些品种甚至流传至今。

不久，传来了日本偷袭珍珠港的消息，美国强大的太平洋舰队顷刻间遭到毁灭性的打击，美国正式参战，太平洋战争爆发。想到在危险来临前避开了厄运，洛克暗自感到庆幸。

太平洋战争爆发后，滇西在日军的进逼下一度岌岌可危，远在丽江的洛克时时打算逃避战争。他后来回忆道："1942 年夏天，日本人占领了云南西南部的腾冲后，谣传他们将进攻大理。为了避免落到他们手中，我不得不离开丽江，准备往北走，经过木里到康定。"中国军队当时炸毁了怒江上的铁索吊桥惠通桥，凭险据守，日本人没有能进入云南腹地。虚惊一场的洛克又回到丽江。

1944 年，陈纳德少将（Chennault）找到正在研究东巴经书的洛克，请他为美国军队帮忙修订地图。洛克于是到印度加尔各答十四航空队修订航空地图，以他的渊博知识，为二战盟军和抗日的胜利立了一功。

为了洛克的安全，陈纳德要洛克到华盛顿，作为顾问去美国国防部地图署继续工作。洛克为此写了一本《藏语的地名翻译及对照表》。洛克对原来的地图颇有微词，他评价老地图时说："我有机会修正中国西部和西藏东部的航空地图，重新审核中国边境的旧地图，这些地图很不完善，地图上标出的中文地名和实际所用的地名大不相同，地形地貌的描述相差甚远。形成这种情况的主要原因是到边疆测绘的不易，缺乏交流，还有一部分原因是原住民对外人怀有敌意，难以提供真实的信息。”

海底沉宝

1944 年年底，洛克在加尔各答完成了初步的地图审校工作后，把十多年来的研究笔记和东巴经译稿，以及搜集的东巴经书装了两大箱子，交给 S.S. 理查德号邮轮发运。他自己则轻装简从，从印度到了非洲，又经南大西洋到巴西、圭亚那游历了一大圈后，从佛罗里达回到华盛顿，准备去国防部地图署报到。他暗自庆幸在整个世界战火纷飞的时候，居然毫毛未损地游历了大半个地球。洛克兴致冲冲地去取他发运的两箱物品时，告之他的是一个惊天霹雳。理查德号邮轮启程后不久在阿拉伯

海被日本潜艇击沉，两个大箱子永远沉入了印度洋的海底。听到这个噩耗，洛克气得头昏眼花，这些宝贝已是他生命中的一部分。

天无绝人之路，他的一个老朋友12年前的一个建议，使他十多年的努力没有全部被日本人毁于一旦。

1934年，洛克回美国的华盛顿时，洛克的好朋友——农业部种子引进办公室负责人沃尔夫·斯温格尔，清楚地知道洛克对植物的采集已经没有兴趣，而是醉心于东巴经的研究。对洛克这种做法，他一直是睁只眼闭只眼，只要洛克能基本完成农业部的任务就行。斯温格尔对洛克给他看过的纳西象形文本有一种直觉，认为这是世界上现存的罕见之物，而对东巴经的研究成果今后则会在学术界引起大震动。他建议洛克把已完成的前三个部分的手稿做一个影印件的备份，并留存在他那儿。斯温格尔不久后任职于国会图书馆，并创建了东方部。洛克1940年回中国之前，曾把收集的1300本东巴经书无偿赠送给了东方部，完成的工作也做了一个备份，存在东方部。

又气又急的洛克患了中风，得了面神经麻痹。斯温格尔的来访和带来的备份的资料，才让洛克体会到12年前做的备份是多么重要，心情也渐渐平静下来。

我希望待在丽江，死在丽江

洛克在日记中哀叹道：“中国的内战又起，今天的日记同20年代我在中国记的日记没有什么两样。但是我想尽快回到中国，希望这是我的最后一次旅行。我希望待在丽江，死在丽江，永远同我的纳西朋友在一起。”可是今非昔比，理想与现实之间总是有一定的距离。自1930年以来，为从事纳西文化的研究，洛克已经花光了18,000美元的积蓄。为了继续自己对东巴文字的研究工作，洛克不得不拖着病弱之躯，四处奔波寻求资助。好在老朋友斯温格尔理解、鼓励他继续从事这项有意义的

工作，并帮助他四处筹款，使他能够早日重返丽江，从事东巴经的研究。哈佛植物园的园长——洛克的老友艾尔玛 · 麦瑞尔（E · D · Merril）在得知洛克的遭遇后表示深深的同情，在二战中他与洛克有相似的经历，日本人进攻马尼拉时，毁掉了他数十年的心血，一座私人图书馆和植物园。同病相怜的他向洛克引见了当时哈佛—燕京学社的社长舍吉 · 爱里瑟夫。

虽然有关象形字的手稿早已沉入大海，但洛克有关纳西历史地理的书稿并没有在战争中失落，在哈佛—燕京学社的帮助下，洛克开始编著审校《中国西南的古纳西王国》一书。在此期间，洛克疲于奔命在华盛顿和纽约之间。牙病难忍的他每个星期都要去看医生，同时又要忙于此书的出版校对，还要为寻求资助四处活动。通过麦瑞尔的从中斡旋，直到 1946 年 9 月，他才得到哈佛—燕京学社的一笔赞助经费，支持他进行纳西族研究。1947 年，《中国西南的古纳西王国》终于出版了，洛克感到了一丝欣慰，但此时此刻他心里只有一个念头，那就是早日返回丽江，重新收集整理有关东巴文化的各种资料。

同哈佛—燕京学社的合同才签订，洛克就迫不及待地出发了。途中他在夏威夷做短暂停留时，当地记者照

例前来打探洛克今后的行踪，洛克兴冲冲地回答："我要回丽江，在那儿的生活不会受嘀嘀嗒嗒时钟的左右，而只会受到天体运动的影响。"

乐观的洛克乘船途经马尼拉，刚住进马尼拉大饭店没几分钟就遇到土匪打劫。土匪们持枪冲进了马尼拉大饭店，对着人群一阵扫射，混乱中洛克刚跑到楼梯口就扭伤了脚，他趴在地上，抱着个枕头装死，他前面的人们则中弹死去。劫后余生的洛克随后又来到中国香港，这时他又遇到了难题，他有约700公斤的行李，包括1,000本东巴经，可维持3年的生活用品，木里王送的金盘子等珍藏。如果携行李乘飞机前往昆明，洛克实在没有足够的路费，有了以前的教训，这次无论如何他都要与这些宝贝生死与共，洛克于是决定从香港启程走陆路前往云南。当时从香港经贵州到云南要花3个月时间，历尽千难万险的洛克总算到达了昆明。这时的云南府满

目疮痍、经济萧条，通货膨胀和经济困难的国民党政府只允许外国人带 250 美元现金入境。市场物资短缺，倒卖战争剩余的美国军用品成了黑市最红火的生意，一美元同中国纸币的兑换率最高时达 7,200 元。虽然法律规定黑市倒卖美元和军用品要被枪毙，但为了生活人们不得不铤而走险。一向奉公守法的洛克也经常用支票向即将回国的美国士兵兑换美元现金，然后在黑市卖出。在给麦瑞尔的信中洛克解释道："如果按官价汇率换钱，根本就没有办法活下去。"

洛克回到了阔别两年之久的丽江。这时的洛克已经 60 岁，在时局动荡、生活日趋困难的情况下，他倾其所有，收集购买了近 5,000 本东巴经书。

由于通货膨胀，物价飞升，洛克常常感到经济上捉襟见肘。他在给友人的信中写道："1946 年到 1948 年 8 月，物价上涨了 68 倍！我离开这儿时将一无所有，而这是我要退休的年龄。" 1947 年春天，他的牙病重犯，到了 8 月，随着病痛加剧，洛克右边脸上的神经又再次犯病，吃饭成了最难的事，每吃一口都要忍受剧烈的疼痛。丽江的医疗条件十分简陋，无法诊治。1947 年的整个夏天，洛克体重急剧下降，祸不单行，他的中耳炎又再次发作。到 1948 年年初，他的消化道也出现问题。幸而顾彼得常常到昆明，顺便帮他买点药回丽江。

在东巴的热心帮助下，纳加仪式的资料翻译在 1948 年年底基本完成。病痛常常让洛克彻夜难眠，但他还是坚持与东巴一道工作。洛克最终不得不乘飞机到中国香港接受初步的治疗，随后又乘飞机到欧洲，在一些大学和研究所开讲座和讨论出版的有关事宜。法国科学院向洛克颁发了法国人文科学的最高奖“朱利安奖”，此外洛克还匆匆忙忙到瑞士日内瓦大学接受该校颁发的卓越贡献奖，这些事忙完以后，洛克才回到美国的医院接受进一步的治疗。

同年 8 月，病未痊愈的洛克又回到丽江，他再次写信给侄子罗伯特，希望他来丽江帮舅舅整理资料，这样可使翻译经书的进度大大加快。不巧的是，罗伯特到巴黎去办签证没能签到。此次回美国看病几乎耗尽了洛克所有的积蓄，回到丽江后，洛克开始一件一件地变卖那些价值不菲的收藏品度日。为了糊口，洛克甚至不得不卖掉木里王送给他的金盘子。尽管如此，洛克还是坚持收藏大量东巴经书，日以继夜地与东巴一道工作。洛克之所以这么拼命地工作，可能是预感到时局的变化很可能使他再次中断研究工作，因为洛克从收音机中得知，蒋家王朝大势已去，中国大部分地区都已是红色政权的天下。

有进步情结的学者

1949 年上半年，洛克结束了“日每仪式”经书的翻译，在昆明和丽江之间来回奔走。抗日战争结束后，从丽江到昆明的公路也修通。

洛克于 6 月 22 日飞回丽江，然而天气不好，飞机下降不了，只有又回到昆明。洛克竟丝毫不知道丽江已经在昆明无人知晓的情况下，于 7 月 1 日举行了共产党解放游行集会。而这时云南省会昆明，只是听说共产党的先头部队到了四川和贵州。

7 月 3 日，洛克满心欢喜地乘飞机回到丽江。当来机场接他的顾彼得诙谐地告诉他“欢迎到红色天堂来”时，用顾的话来说，洛克几乎“倒了下去”。让洛克吃惊的还不止这些，他这才知道，纳西青年和万宝竟是当地共产党的领导人之一，时任共产党的县委副书记。滇西北的共产党游击队在剑川设立了医院，缺医少药，派人来丽江同洛克商谈，请他提供一些帮助。洛克爽快地把所存的西药贡献出来，其中有国内很缺乏的一套手术器械和价格非常昂贵又难得到的“盘尼西林”，这些药用骡子拉了两驮才装完。

丽江解放后，令洛克感到惊奇的是共产党不仅没有拘禁他，也没有没收他的财产，这样洛克在红色政权下又生活到了1949年8月。协助洛克工作的东巴们纷纷回家务农，助手们也渐渐散尽。他得到通知，作为不受欢迎的“帝国主义分子”，洛克必须离开丽江。洛克打电报到昆明，通过美国领事馆的安排，陈纳德答应一星期后派一架运输机飞到丽江。同洛克一样，顾彼得也在被驱逐之列。

预定的日子大雨滂沱，飞机没能来，洛克在白沙的村子中惴惴不安地度过了一夜。8月3日，洛克和顾彼得在空旷的草地上又空等了一天，飞机还是没有来。俩人刚刚回到村中，却听到飞机的轰鸣声从天而降。在民兵的监护下，他们急忙赶去机场。洛克、顾彼得的纳西和藏族朋友都赶来为他们送行。顾彼得后来曾回忆道：“银色的达科他飞机停在鲜花铺盖的高山草地上，显得自命不凡而神奇，它是众神从外层空间派来的使者，像寓言中的神鸟，来把我们捉上去，把我们带到未知世界去，已经实现的梦想就这样结束了，经过相互了解得到的幸福了结了。”

飞机腾空而起时，太阳已经落到了玉龙雪山扇子陡的背后，看着美丽夕阳映照的天空和彩霞，洛克和顾彼得默默无语。在无边的黑暗靠拢过来之际，他们在空中最后看了一眼在深峡中奔流不息的金沙江，这时他们才突然感到，这也许是永久的别离。挥手之间，黑色的夜幕吞没了雪山草地，吞没了理想的家园，他们无法再回到甜美的过去，所有的一切今后只有在心灵深处去追忆。空空荡荡的飞机带着他们的躯壳乘着夜色飞回了昆明。

幸运的是，这一次洛克没有丢失任何资料，他被允许带走所有的笔记和图书。洛克对政治不太懂行，只是简单地认为这是“因为这些共产党是当地的共产党，北方来的共产党尚未接收此地”。

很多年后，洛克在完成了《纳西语英语百科辞典》的编写后，在前言中写道：“这本百科全书的内容一直在修订着，直到我离开丽江的最后一分钟，即便是在共产党统治下我在丽江的最后一个月。……1949年新中国成立后，我不得不向中国道别。这些情况像是包在一个坚果中，直到现在出版之前才在此回顾一下所历尽的种种坎坷。”

和万宝与纳西族学者方国瑜教授，力排众议，几上北京，筹集经费，在非常艰难的条件下，于1981年在丽江成立了东巴文化研究室，把已为数不多的东巴请到丽江黑龙潭的这个幽静之地。大量的东巴经从此开始被记录整理，并翻译成汉语。他们所做的贡献，使纳西族这份珍贵的历史遗产，不至于在这一代被湮灭。现在东巴文化研究室，发展成了丽江东巴研究院。

作为一个科学家出身的洛克，对共产党的看法还是客观的，对与少数民族打了近30年交道的洛克，深深理解为何共产党会得到少数民族的广泛支持。他对红色政权的态度也是欣赏的，特别是对共产党的民族政策。按现在的观点来评价，洛克可以称之为是一个“进步人士”。他在国外发表的文章中曾这样评价道:“汉人过去总是蔑视部落居民，损毁地把他们叫作夷人或不开化之人、番子和蛮子，其意思是一样的。也把他们的部落写为诸如猓猓之类的，喜欢把犬旁的偏旁放到同音字一旁，表示对他们的轻蔑。红色政权也解放了各民族的部

落，并宣布他们具有与汉人相等的权利。”在50年代帝国主义孤立中国，美国麦卡锡主义反华势力猖獗，亲共的斯诺被迫旅居瑞士，洛克也一直在欧洲流落。洛克作为一位科学家，能对共产党公开表示这样的看法，是很难能可贵的。

洛克断断续续在中国的27年，经历了20年代的军阀割据，30年代抗日战争风云，40年代的第二次世界大战及中国内战烽烟，一直生活在动乱的环境中。他能完成无数的探险活动和坚持纳西族文化的研究，与他锲而不舍的坚强毅力有很大关系。他在1962年完成《纳西语英语百科辞典》时曾感叹道：“我曾经遭遇了许多无法想象的困难。那时候到处都无和平可言，一个国家要把自己的价值观念强加于另一个国家。我所经历的磨难和忧伤不胜枚举：诸如土匪的骚扰、艰难的长途跋涉、战争年代、原子弹爆炸、通货膨胀、霍乱以及载有我翻译纳西手稿的轮船被日本军舰击沉在印度洋。”

晚年遇知音

1949 年后，洛克到欧洲拜访了一些学术机构，特别是与罗马东方研究所建立了良好的关系。这一年年底，他到了印度的喀里木蓬。此时他还抱有一线希望，幻想还有机会到中国做短暂的旅行，这样在印度一住就是两年。

1951 年，抗美援朝的隆隆炮声彻底粉碎了洛克再回丽江的希望，在印度还在苦苦观望中国局势的他只好无奈地回到了夏威夷。为出版和编写学术著作的洛克晚年不得不在美国和欧洲之间来回穿梭、四处奔波。好在他同康德尔思 · 马克斯的友谊延续到了马克斯家族的下一

代，他的风烛残年，也算还有一个安全的港湾。康德尔思与洛克在 20 年代相识于北京，俩人早在 30 年代就合作拍摄了整个北京古城，出版了一本厚厚的画册。康德尔思逝世后，他的女儿莱丝特·马克斯仍然把洛克视为家族中的一员，二战以后洛克把所有贵重的私人物品都寄存在马克斯家。

50 年代的夏威夷大学已成为太平洋的一个教育中心，洛克参与创建的植物学系在全美享有很高的声誉，在校学生达 2,000 多人。校园的花园里和大道上，洛克当年采集的植物已蔚然成林，夏威夷过去的许多同事已身居要职，但对他还是热情未减，洛克由此感到一丝宽慰。洛克以前的一位学生，后在夏威夷大学当教授的克莱尔女士，热情地欢迎他的到来。二战以后，从前清纯洁净的夏威夷成了人声鼎沸的海上乐园，火奴鲁鲁的海滩上到处是挤满人的浴场。洛克非常怀念过去静谧的沙滩和风吹着椰林发出的悦耳的沙沙声。克莱尔非常熟悉老师的脾气，洛克严谨的治学精神和工作态度曾使她在今后的人生道路上受益匪浅。

晚年四处漂泊的洛克在 50 年代初有幸遇到一位知音——意大利东方研究所所长图齐博士。早在 20 年代，图齐就独自冒险到西藏做学术研究，他甚至穿越了藏北的无人区，到了离拉萨2,000多公里以外的古格王国遗址。图齐的《西藏考古》一书，在30年代就出版了。50年代，图齐已是世界上公认的藏学研究泰斗，罗马东方研究所也成为东方学研究的权威机构。

洛克晚年的学术生涯，与这位东方学家的极力推崇密不可分。在图齐的帮助下，洛克研究的纳西宗教的经典著作《纳西族的纳加崇拜及其有关仪式》于1952年在他主编的"罗马东方丛书"中出版。从此，洛克在欧洲人类学界声誉鹊起，不断发表了具有影响力的学术论著:《中国西南纳西族的"日每"丧仪》(人类学研究 第9卷 维也纳1955年)、《纳西人"达努（武士祭)"葬礼仪式与纳西武器的起源之特殊关系》(人类 第55卷 端士 费端堡1955年)、《阿尼玛卿山脉及其邻近地区》(罗马东方丛书12辑，罗马东方艺术研究所，1956年)、《西藏——中国边疆地带原始宗教的作用》(人类学第54卷 1959年)。

图齐在1952年就高度评价了洛克的研究成果:"近来工业社会的发展打破了传统文化，而纳西族带有浓厚原始宗教色彩的东巴教即将面临消亡，这一现实更增强了洛克博士所从事研究的重要性，这种宗教到目前为止还鲜为人知，它基本上属于古老的苯钵教范畴，洛克博士长期生活在纳西部落，收集、翻译、整理了无数的手写经书，师从于富有学识的‘东巴’，他对纳西人以及他们的历史、宗教、风俗等做了大量的调查，而且贡献卓著，罗马东方丛书在这个领域的专著非他莫属。”

1956 年，洛克把他数万册私人珍藏的图书以 25,000 美金的价格卖给了位于美国西海岸的华盛顿大学远东俄国研究所，华盛顿大学聘请洛克为终身荣誉副研究员，还为他提供了一间办公室和部分资金，让洛克能安心地完成《纳西语英语百科辞典》的编著工作。2003 年，华盛顿大学人类学系主任 S. 郝瑞教授邀请我到华大担任客座，想不到工作的办公室就是 50 年前洛克工作过的办公室。战争结束后，远东研究所撤销，划归到后来的人类学系。郝瑞主编的《Exploers & Scientists in China's Borderlands 1880—1950》一书在 2011 年由华盛顿大学出版社出版，回顾了 20 世纪中叶以前来华探险家和科学家的贡献，我主动承担了洛克在华的章节，标题就是本书我这部分的标题：纳西眼中的洛克。

洛克对纳西文化研究不惜一切代价，倾注其毕生的心血和情感，让图齐这样的著名学者也深深为之感动。图齐说：“洛克博士使我强烈地感受到一个科学家的诚恳之心。他的慷慨支持也是一个不可磨灭的证明，在与我

们研究所的接触中，他多次捐献了他的收藏品。他树立了一个德才兼备的榜样，只是在当今的世界，这样的人太少有了。无私的奉献表明了他是一个真正的学者和科学家。”

为了替洛克筹集经费，图齐博士到处联系，在不得已的情况下把研究所中收藏的最有价值的600多本东巴经卖出。经书卖出的过程，也令最不容易动情的洛克大大感动了一次。

德国战败后重建的50年代，生活仍然相当艰难，城市居民每天仅配给几个玉米饼充饥。图齐所长的好友，德国科学协会代表、德意志联邦共和国国家图书馆负责人W·弗格特博士，听到东方研究所要卖出这些属于“极品”的经书时，回到了他的家乡，德国一个小城——马尔堡。在小小的市政厅，全镇的居民在听了弗格特博士的演说后，都自愿捐资，从意大利把这批东巴经书买回来收藏在新落成的德国国家图书馆。这件事惊动了当时的西德总理阿登纳，他闻讯拨了一笔政府基金资助马尔堡镇。在洛克的联系下，用这笔钱的一部分，马尔堡博物馆又从美国和法国购入了400多本东巴经精品的复制件。

受到马尔堡的邀请，洛克两次到马尔堡对这些东巴经书进行编目和研究。不幸的是，在马尔堡既找不到一个藏学方面的专家，也找不到一个汉学家来协助洛克工作。后来在德国科隆大学任教，当时刚毕业不久研究梵文的雅纳特博士有幸成为洛克的助手。但与洛克工作才 4 个月，洛克就撒手人寰，雅纳特从此继承了洛克未完成的编目工作，完成了五卷《德国所藏东方手稿——纳西经书目录》的编目工作。洛克在 1962 年 9 月完成《纳西经书目录》后写道:“雅纳特是为数不多的对东巴经书感兴趣的人，并在各方面帮助我编辑了这本目录。”

洛克断断续续停留在中国的 20 年间，经他的手收集有 8,000 多本东巴经书，分别收藏在美国华盛顿国会图书馆、英国曼彻斯特 J. 理兰德图书馆、哈佛—燕京学社、伦敦图书馆印度办公室、荷兰莱顿 · 瑞杰克斯博物馆、德国马尔堡 · 莱恩博物馆，还有半数以上的东巴经书收藏在世界各国的私人收藏家中。

令人称奇的是，洛克对书和金钱的态度是一样的，二者皆是身外之物，只求曾经拥有，不求天长地久，书与钱皆为研究的目的而得，也皆为研究的兴趣而弃。洛克手头一直随身带着几本堪称孤本的东巴经书，他爱不释手，常常玩味无穷。1962 年 10 月，洛克牙病发作后到瑞士医治，病愈后顺手把几本东巴经书送给多年帮他无偿诊治牙病的朋友杰森医生。

辉煌的晚霞

洛克的世界为我们挽住了多少记忆，
留下的足迹犹如飘浮彩云。

——埃兹拉 · 庞德

1996 年，美国《国家地理》杂志副编辑迈克 · 爱德华兹，到丽江专程探询“我们的人在中国”时，对洛克的贡献大加褒扬：“我们这位先生，他不仅属于我们，作为植物学家他属于夏威夷和哈佛，在哈佛他有‘史学

家’及‘辞典编辑’的称誉。然而从更为重要的意义上讲，他属于中国，他深入了那里，他目睹了那段往事，他战胜了重重困难，用文字和图片把它们记录下来。”

从30年代后，美国《国家地理》杂志没有再资助过洛克。《国家地理》杂志是一个商业性机构，没有回报的投资他是不感兴趣的。这一点，研究洛克的美国专家桑顿女士颇有微词：“然而，他花大量金钱去考察并把考察资料整理好向杂志社投稿，却没有得到相应的稿酬，因而不得不把上一次的资料变卖，用所筹得的资金去维持下一次的考察。当他上了年纪，没有过去那样雄心勃勃的时候，只有靠积蓄和变卖旅途中收藏的手工艺品来过日子。”

1956年后，除了外出联系出版，洛克基本上寄居在夏威夷友人的家中。他把他的时间分成了两部分：一部分用来完成《纳西语英语百科辞典》，另一半用来研究夏威夷的植物。夏威夷给了他最后的安慰，为了满足这位酷爱神游四方的老人的心愿，路易·马克斯曾陪他去了一次南非，1961年莱丝特·马克斯又陪他到亚洲，在日本、中国香港、印度周游了一圈。

50年代末，当洛克在夏威夷病重住院时，感到死神在向他召唤，此时的他十分思念丽江的山山水水和纳

西朋友，他在给友人的信中写道："如果一切顺利的话，我会重返丽江完成我的著作，我宁愿死在那里风景优美的山上，也不愿孤独地待在四面白壁的病房，等待上帝的召唤。"

洛克晚年常常感叹时日无多，他编著的《纳西语英语百科辞典》一书还未完成，纳西文化的许多谜团尚未解开，所有这些都让洛克割舍不下。1962 年 6 月，《纳西语英语百科辞典》已完成校订，图齐博士亲自为此书作了序，他对纳西文化的前景深感担忧："我很高兴为 J. F. 洛克博士完成的这一本高质量的著作来做前言。大家都认为，洛克博士经历了千辛万苦，这么多年来耗尽心力，对纳西部落的研究成果达到了顶峰。而在目前急剧变化的亚洲，纳西文化已几乎完全消失。"

1962 年，78 岁的洛克到德国完成大部分在德国的东巴经编目后，又到意大利校完《纳西语英语百科辞典》的最后一稿，10 月洛克回到夏威夷。1962 年 12 月 5 日，洛克的心脏病突然发作，在书房的安乐椅上从此长眠不醒，终年 79 岁，他的身边摆满了象形文经书。令人感到遗憾的是，洛克最终没有能实现他生前最后的愿望：在 1963 年 1 月 13 日八十大寿时看到意大利东方研究所印刷出版的，倾注了他毕生心血的得意之作《纳西语英语

百科辞典》。

图齐博士在此书的后记中写道:“当他的这本著作还在付印中时，洛克博士不幸去世的消息传来。他的过早逝去，令东方学的学者和学生们，以及他在世界上众多的朋友们感到痛惜。洛克博士在这本著作繁重而复杂的修订和校对工作中，体现出极端认真的责任心和耐心。这一本他最后完成的著作，是他留给人世间最美好的礼物。”

《纳西语英语百科辞典》第一卷的中文版，由于当时的各种因素，只能将书名改成了“纳西语英语汉语语汇”。由于是学术书籍，又牵涉到象形字和音标的混排，费用太高而无出版社敢承接。从我1997年完稿后，历尽艰辛，我穷尽了所有积蓄，也没有要一分钱的稿费，终于在2004年由云南教育出版社出版。我一直在想，洛克能为纳西文化的历史记录、延续倾其所有，放弃了本来可以安逸自在的生活，作为一个纳西族人，我对自己的文化都不去关注，想想都会惭愧的。洛克先生在九泉之下有知，他的成果回到了中国，回到了他热爱的纳西故乡，应该会感到对他牵挂的纳西族有了欣慰的交代了。希望会有一天，此巨著的第二卷中文版，会冲破商业的束缚，展现在世人的面前。

洛克去世后，越来越多的中外学者沿着洛克的足迹，来到彩云之南探访古老的纳西王国。人们感兴趣的不仅是洛克丰硕的研究成果，令他们更为神往的是洛克充满传奇色彩的一生和中国西南这片神奇的土地。洛克的故事永远不会被人们忘却，在纳西人的眼中，飘若浮云般的游子洛克仿佛又重新回到了他的丽江，回到了他的精神家园，白皑皑的雪山是他的魂灵之所。

洛克生前曾不止一次地想过将遗骨埋在丽江玉龙雪山下，但他去世时这个愿望却难以实现，夏威夷成了他人生的最后归宿。马克斯女士按照洛克的遗愿，将他葬在夏威夷港湾旁的马克斯家族墓地，青灰色的墓碑只有简单的三行字：

约瑟夫 · 洛克

植物学家、探险家

1884—1962 年

“我已经窥见了纳西的生活，他们的文化、语言，等等。我要把这一切以一种简明扼要的形式在这本书奉献给大家。”

——洛克

后记

历时四年半的时间，《洛克眼中的纳西，纳西眼中的洛克》一书终于正式和大家见面了，此时感慨的心情就如同我初次阅读完这份书稿时一样。

记得，那是2019年的一个冬日。通过丽江市东巴文化研究院李德静院长的介绍，我在春城昆明初识张跃兵老师（本书插图作者）。经过一个下午的深谈，我了解到张老师对东巴文化十分热爱，对纳西天文历法更有着深入的研究，张老师身为外乡人，却对纳西文化研究如此执着的精神着实令我敬佩。聊谈期间，张老师谈起他与和匠宇博士早年间一同去德国，苦心寻找约瑟夫·洛克先生研究纳西文化的绝笔之作——原名《纳西人的生活与文化》一书的经历。后来，和匠宇博士不仅精彩地神译了原作，并且又续写了《纳西眼中的洛克》。就此，两位东西方文化大师在跨越时空的交集中成就了此刻在我们眼前的这本著作。

遗憾的是由于种种原因，书籍一直未能正式出版。

初闻此书，作为纳西族儿女的我就被深深吸引。后来几次在和张老师的交流中，我时常提起希望有机会能拜读此书。终于有一天，我在回丽江的高铁上收到了张老师发来的电子书稿！惊喜之余，我迫不及待开始阅读。读毕，霎时热泪盈眶，心情久久不能平静……

这本书让我突然意识到，自己作为一个当代纳西人，竟然完全不熟悉洛克先生笔下对纳西族的深入描绘。例如，纳西族分布地域地理特点、历史梗概、对外交流，以及纳西族族源、习俗、教育、信仰、宗教经典与文献，等等。这是何等的惭愧啊！更让我惊讶的是，和匠宇博士笔下活灵活现的洛克先生，也不再是我们年少时通过民间老人们只言片语、道听途说描绘的那位——曾经长年居住在白沙玉湖的“古怪老外”。就此，我萌生了一个念头，一定要出品此书！一定要让每一位热爱丽江的家乡人、异乡人都能够通过此书，真实、深入而全面地了解我们的家乡、民族，以及我们纳西人永远的好朋友——约瑟夫·洛克！

感谢和匠宇博士和张跃兵老师对我们的信任，毫不犹豫、不计回报地把书籍的出品事宜交给了丽江骏宇；感谢中国文联出版社张超琪老师及其同事们的努力付出，最终实现了书籍的出版；还要感谢我们骏宇文博的薛勇总经理和云南出版集团的怡洋老师，以及所有关心此书籍出版的各界人士。没有大家的支持和鼓励，我们很难完成本书的出品工作。而今，四年半的等待终未被辜负，我们圆了两位作者的梦，也实现了纳西儿女传扬纳西文化的念想，让这本著作得以正式与世人见面。

以此书，致敬与纪念——西方纳西学之父约瑟夫·洛克！

丽江骏宇文化创意产业有限公司总经理

赵晓蓉　女士

2024 年 7 月

附录

洛克年谱

1884 年　1 月 13 日 出生于奥地利维也纳。

1890 年　约瑟夫·洛克的母亲去世。

1897 年　洛克开始自学汉语。

1902 年　中学毕业，漫游于欧洲和北非各地。

1905 年　乘船前往美国纽约。

1906 年　漂泊在北美及加勒比海等地。

1907 年　前往夏威夷，在米勒斯中学等 3 所学校教授拉丁文和自然史。

1908 年　在夏威夷森林与国土部门从事植物采集。

1911 年　在夏威夷学院教授植物学。

1913 年　加入美国籍，所著《夏威夷土生树木》一书出版。

1916 年　受甘蔗种植协会的资助到菲律宾、新加坡、爪哇等地考察。所著《夏威夷赏木》一书出版。

1917 年　在加利福尼亚做田野工作。

1919 年　在夏威夷被提拔为植物学教授，曾到泰国、马来西亚、爪哇等地考察。

1920 年　辞去夏威夷学院教职，为美国农业部到泰国、缅甸、老挝寻找大风子树。

1921 年　回维也纳探亲，11 月回到曼谷，准备到中国寻找抗枯萎病的栗子树种。

1922 年　2 月 11 日从缅甸进入中国云南，5 月 11 日抵丽江。

1923 年　得到美国《国家地理》杂志的资助，率云南探险队以丽江为基地，在三江并流区域和云南其他地区探险。

1924 年　1 月中旬第一次探访木里和泸沽湖，7 月加盟哈佛植物园，11 月抵达云南府，12 月 13 日出发到阿尼玛卿山。

1925 年　2 月 25 日抵成都，4 月 21 日抵甘肃卓尼。随后到岷山、西宁、青海湖等地，年底返回卓尼。

1926 年　4 月出发到阿尼玛卿山，7 月底返回拉卜楞寺，8 月初回到卓尼。

1927 年　3 月从卓尼出发，经松藩、成都、重庆、上海、香港到云南府，7 月带两个纳西助手到美国接受《国家地理》的培训，11 月回到云南府。

1928 年　3 月离开云南府，5 月抵木里，两次探访贡嘎岭后回到丽江。

1929 年　3 月初再次经木里探访四川康定的贡嘎山。10 月 13 日在阿云山总管的帮助下渡过金沙江。

1930 年　1 月离开丽江回国。5 月到得克萨斯接受贝勒大学授予的荣誉博士学位。6 月离开美国经夏威夷回到昆明。

1931 年　1 月与埃德加·斯诺同行离开昆明至大理，3 月探访丽江附近地区的东巴教圣地白地及哈巴雪山，12 月到泸沽湖。

1932 年　2 月从永宁到丽江，之后又到昆明、上海、北京、香港等地搜集有关地理的志书史料，12 月回到昆明。

1933 年　在昆明完成部分东巴经书翻译工作，10 月经越南回欧洲。

1934 年　1 月离开维也纳前往巴黎，经伦敦到美国的纽约、旧金山等地。6 月回到昆明。

1935 年　5 月红军长征过云南。

1936 年　2 月租飞机从昆明到丽江和长江上游航拍，8 月到北京、成都等地购买图书，随后回到昆明。

1937 年　2 月与和志辉到河内和西贡，5 月到北京和上海联系论著的出版，6 月回到昆明，7 月抗日战争爆发。

1938 年　5 月从昆明经河内、曼谷乘飞机前往德国柏林，8 月底回到昆明。10 月洛克到夏威夷。年底与纳西随从一起到越南大叻避难。

1939 年　在越南潜心研究纳西文化。

1940 年　7 月从越南经马尼拉到夏威夷，然后又回到昆明和丽江。

1942 年　夏天到泸沽湖躲避战火。

1944 年　乘飞机经印度、巴西回美国华盛顿为国防部地图署工作。洛克研究纳西文化的大部分资料随货轮回国，但被日军击沉在阿拉伯海。

1946 年　重返丽江继续收集整理和研究东巴经书。

1947 年　《中国西南的古纳西王国》哈佛大学出版社出版。

1948 年　2 月因病离开丽江到欧洲和美国接受治疗。

1949 年　8 月离开丽江，经昆明到香港和印度的喀里木蓬。

1951 年　从印度到夏威夷定居，之后奔波于欧美各国整理出版学术论著。

1952 年　《纳西族的纳加崇拜及有关仪式》在意大利出版。

1956 年　将部分东巴经书出售给华盛顿大学，罗马东方丛书之一《阿尼玛卿山脉及其周围地区》出版。

1962 年　12 月 8 日在夏威夷去逝。次年，《纳西语英语百科辞典》上卷在意大利出版。